Patricia Tudor-Sandahl

Das Leben ist ein langer Fluss

Patricia Tudor-Sandahl

Das Leben ist ein langer Fluss

Über das Älterwerden

Aus dem Schwedischen von Sigrid Irimia

HERDER

FREIBURG · BASEL · WIEN

Für Eileen Tudor, meine Mutter

Gedruckt auf umweltfreundlichem, chlorfrei gebleichtem Papier

Titel der schwedischen Originalausgabe: Den tredje åldern

Published by arrangement with Wahlström & Widstrand, Sweden

www.herder.de
Satz: Barbara Herrmann, Freiburg
Druck und Bindung: fgb · freiburger graphische betriebe 2003
www.fgb.de
ISBN 3-451-28065-5

Inhalt

Vorwort

Anheimelnd, dunkel, tief die Wälder, die ich traf.
Doch noch nicht eingelöst, was ich versprach.
Und Meilen, Meilen noch vorm Schlaf.
Und Meilen Wegs noch bis zum Schlaf.

Robert Frost

Ich hätte nicht gedacht, dass älter werden so schwer sein kann. Die Lebensphase vor den Falten, der Vergesslichkeit und dem allgemeinen Abbau kam überraschend. Nach einer Periode der Angst und mit Hilfe vieler Gespräche mit Menschen, die wie ich über fünfzig waren, verstand ich, dass ich nicht die Einzige bin, die sich damit quält, dass die Zeit unaufhaltsam voranschreitet. Es gibt lediglich manche, die mit ihrer Unruhe besser zurechtkommen als andere. Ich begann sogar eine Ahnung davon zu bekommen, dass die Jahre nach fünfzig einer der reichsten Abschnitte im Leben sein könnten – wenn es mir gelang, mich mit realistischen Augen zu sehen und mich mit meinem alternden Ich auszusöhnen. Im Körper, in der Seele und in Bezug auf den gesellschaftlichen Status finden radikale Veränderungen statt. Allerdings achtet man wenig auf die Herausforderungen und Fallen, die diese Zeit in sich birgt. Es gibt eine Menge Literatur über die Entwicklung von Kindern und Jugendlichen, über die Midlifecrisis und das Alt-Sein. Das Alter zwischen fünfzig und siebzig scheint man dabei vergessen zu haben, und das, obwohl es zum ersten Mal in der Geschichte eine rasch wachsende Anzahl von Menschen dieser Altersgruppe gibt, die sich noch guter Gesundheit erfreuen und Lust aufs Leben haben.

Das Schreiben hat mir Mut gemacht, älter zu werden. Ich habe verstanden, dass meine Zeit begrenzt ist und mein Leben keine Wiederholung erfährt. Mit fünfzig ist es höchste Zeit, sich darüber klar zu werden, worauf man Wert legt und wie man das Leben, das man noch vor sich hat, verbringen möchte. Ich habe mich einige

Jahre lang mit diesem Prozess beschäftigt, was manchmal ziemlich schwer war. Ich möchte meinem Mann Christer Sandahl danken für seine liebevolle Unterstützung in der Zeit, in der ich an diesem Buch gearbeitet habe. Er stand da wie ein Fels in der Brandung und hörte sich meine Klagen an, ohne je in die Falle zu tappen, mich für meine Alterserscheinungen zu trösten. Das wäre keine Hilfe gewesen. Ich möchte mich bei unserer ältesten Tochter Hedda für ihre Nachsicht bedanken, wenn ich geschrieben habe, statt ihr Baby zu hüten, und bei unserer jüngsten Tochter Rebecka für die ganzen Fleischklößchen und Nudeln, die sie ertragen musste, wenn ich keine Zeit hatte zu kochen. Abgesehen von allen Menschen, die ihr Älterwerden mit mir geteilt haben, möchte ich insbesondere vier Freundinnen danken: Judit Hoffman-Hansson (für den Mut, den sie mir unermüdlich zusprach, und all die interessanten Bücher und Bilder, die sie mir zeigte), Anna Carin Gregor (für die spannenden Gespräche auf langen Spaziergängen und die Korrektur meiner sprachlichen Fehler, für ihre wertvollen Kommentare und die Übersetzung einiger Zitate), Eva Björkström (für ihre Ehrlichkeit und Wärme und all das Schöne, das sie um sich herum schafft) und Ann Helleday (dafür, dass wir seit den sechziger Jahren so viel Freude und Kummer geteilt haben und nun zusammen älter werden). Ein Dankeschön auch an Anne-Louise Wikingbro von der „Intensivstation für Worte" für ihre wertvolle Hilfe beim Schreiben und an meine Lektorin Helene Atterling für ihre vorbildliche Geduld und so manchen guten Rat.

Stockholm, im Februar 1999 Patricia Tudor-Sandahl

1 Das dritte Alter

Die Erfahrung, die Lebensmitte überschritten zu haben, ähnelt dem Aufwachen aus einem Traum, in dem man sich alleine auf einem Schiff in Seenot befindet, und kein Land ist in Sicht. Man kann sich wieder schlafen legen, man kann aus dem Schiff springen oder aber das Ruder ergreifen und weitersegeln.

James Hollis

Die plötzliche Erkenntnis

„Mein Fahrrad ist weg! Jemand hat mein Fahrrad gestohlen!", dachte ich, als ich es nicht unter den anderen auf dem Parkplatz fand. Nach fieberhaftem Suchen stellte ich fest, dass es da war. Ich hatte es lediglich nicht gleich erkannt. Das Rad, das ich suchte, sah in meiner Vorstellung besser aus als dieses. Mein Fahrrad hatte doch keine Beule! Und keine abgefahrenen Mäntel! Auch die Lampe hing doch nicht schief! Und die Farbe blätterte nicht hier und da ab! Erst als der Schlüssel ins Schloss passte, war ich davon überzeugt, das es wirklich mein Fahrrad war. Um eine Illusion ärmer sah ich die Wirklichkeit mit einem klareren Blick. Als ich weiter nachdachte, wurde mir klar, dass mein Rad kaum so vollkommen sein konnte, wie ich es mir einbildete. Ich hatte es schließlich vor zehn Jahren geschenkt bekommen und war, soweit ich mich erinnern konnte, einige Male damit gestürzt, auch damals, als es beinahe zu einem richtigen Unfall gekommen wäre. Viel Zeit war inzwischen vergangen. Das Fahrrad, das ich suchte, gab es schon lange nicht mehr. Der Unterschied zwischen meiner inneren Vorstellung und dem wirklichen Rad war gewaltig. Es war eindeutig an der Zeit, meine Vorstellungen zu aktualisieren und sie durch solche zu ersetzen, die mehr der Wirklichkeit entsprachen.

Während ich das Bild von meinem Fahrrad auf den letzten Stand brachte, wurde mir klar, dass es gut wäre, in ähnlicher

Weise auch mich selbst zu betrachten. Hier stehe ich, eine bald sechzigjährige berufstätige Frau, Mutter und Großmutter, und frage mich zwischendurch, wo all die Jahre geblieben sind. Und ich habe Angst, dass das Leben zu schnell vorbeigeht. An manchen Tagen schäume ich über vor Lebenslust und fühle mich wie das junge Mädchen, das ich einmal war, während mir an anderen Tagen die Beine wehtun und ich gegen eine Schwäche kämpfe, die von der alten Frau kündet, die ich einmal sein werde und die bereits auf ihren Auftritt wartet. An manchen Tagen stimmt mein Spiegelbild nur schlecht überein mit der Art, wie ich mich selbst erlebe, und ich frage mich, was andere denken, wenn sie mich sehen. Was, wenn mein Selbstbild genauso mangelhaft ist wie das Bild, das ich von meinem Fahrrad hatte? Und was ist es eigentlich, das ich partout nicht sehen will?

Irgendwann zwischen vierzig und fünfzig tritt man in ein Grenzland ein, wo ein Hauch von Wehmut herrscht. Man ist schon lange nicht mehr jung, aber auch nicht richtig alt, man weiß, wo man gewesen ist, aber nicht, in welche Richtung es weitergehen wird. Alte Wahrheiten scheinen überholt. Man muss vieles neu bedenken, Werte neu überprüfen, Gedanken in Frage stellen, altes Wissen durch neues ersetzen und bislang unbekannte Gefühle durchleben. Denn nun muss man das zu Stande bringen, was man immer „später" tun wollte. Jetzt ist dieses „später" da. Jetzt hat man die Chance, entweder seine Träume zu verwirklichen oder sie endgültig fahren zu lassen. Sonst wird es zu spät. Das Leben ist eine Direktübertragung. Man kann nicht auf „rewind" drücken und zurückspulen, wenn etwas Wichtiges fehlt. Die Uhr bleibt nicht stehen – hohe Erwartungen müssen heruntergeschraubt und manche Hoffnung aufgegeben werden. Mitten im sprudelnden Leben, wenn die Sonne noch hoch steht, erahnt man schon mit einem leichten Schauder die nahende kühle Abendbrise. Zumindest geht es mir so.

Ich denke nun viel öfter über mein Leben nach und wundere mich, wie schnell die Jahre vergehen und dass der größte Teil meines Lebens bereits vorbei ist. Darüber dachte ich neulich bei einem Arztbesuch nach. Schon seit dem Frühjahr hatte ich Probleme mit meinen Augen. Schließlich ging ich zum Arzt aus Angst, die Blindheit meiner Großmutter geerbt zu haben. Dort fing ich an, meine Beschwerden (Juckreiz, Rötung, Ermüdung) aufzuzählen und klagte darüber, dass ich Schwierigkeiten hatte, die Zeitung zu lesen. Nach nur wenigen Minuten stellte der Arzt fest, dass ich nicht blind wurde, sondern alt. So sieht das also aus! Ich holte mir in der Apotheke Augentropfen und eilte weiter zum Optiker. Ich hatte nicht gedacht, dass es so schwer sein würde, alt zu werden. Die Angst vor der Vergesslichkeit, vor Falten und Abbau kam wie ein Schock, und zu allem Überfluss schämte ich mich, oberflächlich und eitel zu sein.

Die Spuren des Alters sind hinterhältig. Sie schleichen sich heran in den leisen Jahren nach fünfzig. Das Vorrücken der Zeit macht sich auf tausendfache Weise bemerkbar, oft dann, wenn man es am wenigsten erwartet. Ich erwähne den Namen eines alten Idols, und die Jüngeren haben keine Ahnung, wen ich meine. Ich schaffe es nicht, mit dem Fahrrad den Hang hochzufahren, ohne herunterzuschalten. Beim Autofahren reagiere ich langsamer. Ich lege meine Brille ab und weiß später nicht mehr, wo ich sie hingelegt habe. Ich gehe etwas holen und komme mit leeren Händen zurück, weil ich nicht mehr weiß, wonach ich gesucht habe. Ich sehe den Staub erst, wenn ich meine Brille aufgesetzt habe. Und es passiert oft, dass ich mich mit Schlüsseln ungeschickt anstelle, Namen vergesse, morgens beim Zeitunglesen zerstreut Sauermilch in den Tee gieße und meinen Mann damit nerve, dass ich ihn bitte, deutlich zu sprechen, weil ich ihn nicht verstehe. Die Liste ist lang, aber ich tröste mich damit, dass ich nicht die Einzige bin, die beunruhigt ist über das, was die Zeit mit uns anstellt. Einmal merkt man, dass man in einer Gruppe immer öfter der Älteste ist, ein andermal, dass bis dahin kerngesunde Gleichaltrige ernsten Krankheiten erliegen. In den Todesanzeigen tauchen immer mehr Namen von Menschen der eigenen Generation auf und erinnern einen daran, dass auch das eigene Leben irgendwann vorbei ist. Dies kann der Anfang einer schmerzhaften, aber notwendigen Umstellung sein, die uns ordentlich aufrüttelt. Der Boden schwankt unter unseren Füßen, und unsere Identität wird erschüttert, wie früher einmal, als wir jung waren und dafür kämpften, uns in der Welt zurechtzufinden und eine eigene Identität aufzubauen. Plötzlich messen wir die Zeit daran, wie viele Jahre wir noch vor uns haben, und nicht, wie viele wir schon erlebten, und haben das Gefühl, dass sie im Handumdrehen vergangen sind. Nicht die Geburt, sondern der Tod ist jetzt unser Bezugspunkt, und wenn das erst einmal klar ist, ist das Leben bald vorbei. Die Freude wird zur Verdrossenheit, zumindest solange man noch nicht verstanden hat, dass dieser Zustand den Weg für ein neues und interessantes Lebenskapitel bahnt.

In den letzten Jahren hatte ich unzählige Gespräche mit Menschen, die über sechzig sind, und ich habe verstanden, dass es normal ist, sich über die Anzeichen des Alters, die um die Ecke lauern, Sorgen zu machen. Die Veränderung unseres Selbstbildes und das Nachdenken über den Sinn unseres Lebens lösen einander ab. Für denjenigen, der daran gewöhnt ist, immer neues Land zu erobern, der von seiner Rolle, seinem Status oder seinem Aussehen abhängig ist, kann es unangenehm sein, sich der Bürde des Reifens zu unterwerfen. Ich konnte selbst feststellen, wie viel einfacher es ist, davon zu reden, dass man sich in der Arbeit zurückziehen und die Verantwortung den Jüngeren überlassen möchte, als dies tatsächlich umzusetzen. In der Praxis verzögere ich das Ganze und schiebe Entscheidungen, die meine Sicherheit und meine Stellung gefährden, hinaus.

Alles fließt, sagt Heraklit: Man kann nicht zweimal in denselben Fluss steigen. Das Dasein ändert sich ständig, unabhängig davon, ob wir es merken oder nicht. Das kann schwer sein für denjenigen, der seine Sicherheit darin findet, dass alles beim Alten bleibt. Das Älterwerden geht seinen gewohnten Gang, nur erkennt man nicht jeden Tag die Tragweite dessen, was geschieht. Alles ist wie immer – und trotzdem ist etwas Ungewöhnliches im Gange.

Für manche Menschen wird jede kleine Veränderung zu einem Feind, den man mit allen Mitteln bekämpfen muss. Veränderung bedeutet Arbeit. Wer es wagt, sich dem Unbekannten zu öffnen, kommt nicht so einfach davon.

Das Leben steckt voller Überraschungen. Gerade wenn wir meinen, endlich zur Ruhe gekommen zu sein, passiert etwas, das alles umwirft und uns vor unerwartete Schwierigkeiten stellt. Erst im Nachhinein erkennen wir die Wendepunkte in unserem Leben. Älter zu werden ist nicht besonders bemerkenswert. Andererseits ist es sehr bemerkenswert. Und das ist das Dilemma.

Das dritte Alter

In der Zeit zwischen fünfzig und siebzig durchläuft man eine Veränderung von „In-den-mittleren-Jahren-Sein“ zum „In-den-späten-mittleren-Jahren-Sein“. Warum sollte man es nicht eine Veränderung zum „jungen“ oder frühen Alter nennen? Uns fehlt ein schöner Ausdruck für diese Zeitspanne, die im Englischen „das dritte Alter“ heißt. (Die Jugend macht das erste Alter aus. Das zweite ist das Erwachsenenalter bis fünfzig, das für die meisten von Karriere und Elternschaft beherrscht wird.) Wenn man in das dritte Alter eintritt, sind die Kinder normalerweise erwachsen, eventuelle Beschwerden der Wechseljahre bei Frauen und Männern nehmen langsam ab, man bekommt allmählich Enkelkinder, und das Ende der Erwerbstätigkeit ist in Sicht. Das ist eine Lebenszeit, auf die man wenig achtet. Wenn man das dritte Alter überhaupt erwähnt, dann nicht, um die Kraft, die Lebensweisheit und das kreative Potential, das man bei Menschen in diesem Alter vermuten kann, zu würdigen. Trotzdem geschieht erwiesenermaßen sehr viel in dieser Zeit. Wie man auch nach dem fünfzigsten Lebensjahr ein reifes und sinnvolles Leben führen kann, wenn man noch Gesundheit und Lebensfreude besitzt, gleichzeitig aber allmählich der jungen Generation Platz machen soll – diese

Frage wird allmählich aktuell. Seit dem Zweiten Weltkrieg gibt es deutliche Veränderungen: In der westlichen Welt können wir zum ersten Mal in der Geschichte damit rechnen, dass wir mindestens einige Jahrzehnte länger als früher erwerbstätig sind. Diejenigen, die heute im dritten Alter sind, sind Pioniere. Sein alterndes Ich zu akzeptieren – es sogar willkommen zu heißen – und sich in seinem Zeichen ein anderes, jedoch keinesfalls inhaltsleereres Dasein zu schaffen, bedeutet eine große Herausforderung.

Ich denke, wir müssen uns allmählich eingestehen, dass das dritte Alter eine Realität ist und dass es genauso wie jeder andere Lebensabschnitt seine ganz eigenen Vor- und Nachteile, seine Krisen und Entwicklungspotentiale in sich birgt. Wenn sich das Tempo verlangsamt und die großen Entscheidungen ihre Schatten auf uns werfen, rückt uns das Leben näher: Was habe ich aus meinem Leben gemacht? Welche Schlüsse kann ich aus dem ziehen, was ich bisher erlebt habe? Wie sieht mein Leben aus, wenn ich in Rente gegangen bin und kein Zweifel mehr besteht, dass ich zur älteren Generation gehöre? Welches Erbe möchte ich hinterlassen? Was mache ich ab jetzt mit meinem Leben? Es wimmelt nur so von Fragezeichen, die die persönliche Zukunft betreffen, die kurz zuvor noch kein Problem darstellte. Mit welchen Verlusten werde ich mich abfinden müssen? Wie lange kann ich noch mit meinem Arbeitsplatz rechnen? Werde ich gesund bleiben? Welcher meiner Freunde wird als Erster sterben? Wie lange werde ich selbst leben? Werde ich meine Kraft und meinen Verstand auch im hohen Alter bewahren können? Was mache ich, wenn ich in Rente gehe? Welche Anforderungen kann ich vernünftigerweise an mich selbst stellen? Soll ich mich weiter darum bemühen, konkurrenzfähig zu bleiben, oder soll ich mich jetzt schon zurückziehen? Eine Menge kleiner und großer Fragen drängen sich ins Bewusstsein und beanspruchen ihren Platz. Es zu wagen, sich selbst in die Augen zu schauen, das bisher Vernachlässigte in Angriff zu nehmen, sich mit Unbehagen und Trauer auseinander zu setzen, kann der Beginn eines reiferen Lebens sein. Ich bekomme sogar eine Ahnung davon, dass das dritte Alter einer der spannendsten Lebensabschnitte sein kann. Wahrscheinlich hat Konfuzius Recht, wenn er sagt, dass wir erst nach sechzig weise genug sind, um die alten Texte der Weisheit zu studieren.

Seinem Alter zu begegnen bedeutet, dass man den Mut hat, das Fremde zuzulassen. Wir alle waren jung. Für junge Menschen ist das Alter jedoch ein Rätsel. Die ersten Spuren des Alters, bevor man sich an sie gewöhnt hat, sind oft die schlimmsten. Viele erinnern sich, wie es war, als sie zum ersten Mal kleine Fältchen um ihre Augen bemerkten oder ihre ersten grauen Haare ausrissen. „Ich habe überhaupt keine Angst davor, alt zu werden. Ich liebe Falten!", las ich vor kurzem in einem Interview mit einem Supermodel und dachte, dass es sicher einfacher ist, sich über die Falten anderer zu entzücken als über die eigenen. Vor allem, wenn man noch gar keine hat und das Leben noch vor einem liegt. Im dritten Alter müssen wir lernen, unsere Falten wenn schon nicht zu lieben, so doch sie anzunehmen. Und das ist in einer Gesellschaft, die immerfort signalisiert, dass es hässlich ist, alt zu werden, gar nicht so einfach. Es stellt eine Prüfung dar, sein Älterwerden mit realistischen Augen zu betrachten und sein Selbstwertgefühl zu bewahren. Ich frage mich, wie wir, die wir in den 1940er Jahren geboren und daran gewöhnt sind, unsere Meinung laut zu sagen, es schaffen können, alt zu werden. Es ist schwer zu glauben, dass wir uns als Bürger zweiter Klasse behandeln lassen würden. Aber wer weiß?

Wahrscheinlich kneifen viele von uns vor der Realität des Alters. So wie sich viele vor dem Leid drücken, indem sie so tun, als ob es nicht da wäre. Besucher aus dem Weltall würden wohl kaum den Eindruck bekommen, dass wir unser Älterwerden willkommen heißen und darauf stolz sind. Ich glaube, dass sie eher erfahren würden, dass es abstoßend und mit Scham und Schuld verbunden ist. Würden diese Außerirdischen nur die Illustrierten lesen, würden sie sich wahrscheinlich wundern, wo die ganzen alten Menschen geblieben sind, da dort vor allem junge und bildschöne Menschen abgebildet werden. Menschen über sechzig erscheinen nicht besonders häufig in Annoncen und auf Abbildungen, wenn sie nicht gerade reich und berühmt sind oder Werbung machen für Hormonpräparate und Inkontinenzschutz. Als ich in Kunstbüchern und Museen nach einem Bild für den Einband dieses Buches suchte, glänzten die Bilder von Frauen im dritten Alter durch Abwesenheit – sieht man von den Porträts all der Damen der höheren Gesellschaft ab, die auf Bestellung gemalt wurden.

An der Schwelle

In unserer Gesellschaft kann man leicht den Eindruck bekommen, dass Älterwerden ein pathologischer Zustand sei, der nur Verschlechterung, Verlust und Verfall mit sich bringt und über den man sich schämen muss. Wie wir unser Älterwerden werten, entspricht der Wegwerfmentalität, die schon lange unser Verhältnis zu den Dingen prägt. „Wir bringen unseren Kindern bei: Wenn ein Gegenstand sich abzunutzen beginnt oder kaputtzugehen droht, muss er ausrangiert und durch einen neuen ersetzt werden. Das Ergebnis dieser Philosophie: Unsere Umwelt quillt über von Abfall … In der westlichen Welt wehren sich die älteren Menschen sogar gegen den Gedanken, dass die Altersweisheit irgendeinen Wert besitzt. Die Männer kämpfen dafür, eine Machohaltung aufrechtzuerhalten. Die Frauen kämpfen darum, jung auszusehen … All das verstellt uns den Zugang zu der Weisheit, der schöpferischen Kraft und der Macht, die das natürliche Alter mit sich bringt“, schreibt die Psychotherapeutin und Familienberaterin Jane Prétat in ihrem Buch *Reifezeit des Lebens*. Es ist schwer, all diesen Kräften zu widerstehen. In Würde älter zu werden, ohne sich betrogen zu fühlen, ist sicherlich keine leichte Aufgabe. Zwar beschreibt Prétat die nordamerikanische Gesellschaft, aber auch bei uns herrscht diese Mentalität vor. Das, was ernsthafte Abnutzungserscheinungen aufweist, ist nicht gefragt. Und da in unserem kollektiven Bewusstsein die Verachtung für das Alte tief verwurzelt zu sein scheint, fällt es nicht schwer, die Anzeichen für das eigene Älterwerden mit Abscheu zu betrachten. Von hier bis zur Selbstverachtung ist es nur ein kleiner Schritt.

Es kann bitter sein, sich nüchtern zu betrachten und seine Grenzen anzuerkennen. Mitten im Durcheinander des dritten Alters fragt man sich, woher man die Kraft für den nächsten Schritt nehmen soll. „Stuck between a rock and a hard place" – „Eingeklemmt zwischen einem Felsen und einer harten Stelle", heißt eine amerikanische Redewendung. Und genauso fühlt sich das an: als steckte man in einem engen, dunklen Fahrstuhl. Die Tür zur Vergangenheit ist verschwunden und diejenige in die Zukunft hat sich noch nicht geöffnet.

„Liminalität" ist ein treffender Begriff für diesen Zustand. Das lateinische Wort „limen" bedeutet Schwelle. An diesem Ort ist man verletzbar und ausgesetzt. Man hat nichts, woran man sich festhalten kann, und keine Möglichkeit zurückzukehren. Sicher geht der Weg weiter, doch wohin führt er? Die Schwelle markiert beides: ein Ende und einen Neuanfang. Sie grenzt ab und vereinigt, trennt und definiert, bietet einen Übergang und einen Fluchtweg. Durch ihre bloße Existenz fordert sie uns auf weiterzugehen. Im Englischen spricht man vom Wachsen im Alter („to grow old") – ein schöner Ausdruck, finde ich, der Bilder von Wachstum und Blüte hervorruft. Leider schaffen es nicht alle zu wachsen und zu blühen. Viele von uns schleppen sich nur unter lautem Protest über die Schwelle zum dritten Alter. Das Älterwerden kann also beides in sich begreifen: Wachstum und Stillstand. Wir sind frei zu wählen. Es kann sein, dass wir erst jetzt beginnen, über unseren eigenen Umgang mit dem Alter nachzudenken. Unsere Kultur hat nicht viel übrig für das, was langsam heranreift. Und wir erinnern uns nur schwer an die Zeit, als ältere Menschen mit Achtung und Respekt behandelt wurden. Heutzutage geschieht es nur allzu häufig, dass man auf ältere Menschen – vor allem auf Frauen – herabblickt oder, noch schlimmer, dass man sie gar nicht erst wahrnimmt. Hinter der gut verschlossenen Tür des Therapiezimmers haben mir viele Frauen erzählt, wie sie sich insgeheim mit einem Selbstbild als Hexe plagen. Und ich konnte sehen, wie sehr diese Sicht den Reifeprozess behindern kann, den jeder ältere Mensch durchleben muss.

Wenn man einen Lebensabschnitt erreicht, der nicht genauso hoch geschätzt wird wie derjenige, aus dem man gerade kommt, und sich überholt und verloren fühlt, liegt es auf der Hand, dass man alles tut, um dem Zahn der Zeit zu trotzen und wenigstens nach außen hin den Status quo zu wahren. Ab einem gewissen Alter hören wir gerne, dass wir jünger aussehen, als wir sind. Manche geben sich dabei sogar große Mühe. Wir sind ungewöhnlich erfinderisch, wenn es darum geht, es so aussehen zu lassen, als würden wir nicht älter. Wir bilden uns ein, dass alles genauso ist wie früher – „Man ist so alt, wie man sich fühlt" –, was eine glatte Lüge ist. Oder wir verulken das Ganze: „Alt sein ist ein bisschen besser als die Alternative!" Auf diese Weise verpassen wir unsere Chance, zu reifen Lebensexperten zu werden. Das Wort „Experte" bedeutet ursprünglich: „der, der erfahren hat". Zweifelsohne gibt es einen riesigen Unterschied dazwischen, ob man etwas aus eigener Erfahrung kennt oder ob einem darüber berichtet wird. Genauso, wie es einen Unterschied macht, ob man etwas in seinem Kopf „weiß" oder ob man es in seinem Herzen „fühlt".

Ist man in der Vorstellung gefangen, dass „jung und schön" am besten ist, grämt man sich, wenn man entdeckt, dass die letzten Reste der Jugend zu schwinden drohen. Die Medien tragen ihren Teil dazu bei, dass man sich auf einen verzweifelten Kampf gegen das Älterwerden einlässt. Mindestens einmal in der Woche gelangt etwas in meinen Briefkasten, das mir dabei helfen möchte, jung zu bleiben: „Alter kann behindern", „Erhalte die Haut deiner Jugend", „Sag deinen Tränensäcken den Kampf an", „Die Forschung beweist es: Du kannst deine Falten loswerden". All das stammt aus Werbeprospekten, die ich nicht angefordert habe. Sie sprechen von der Jugend, lassen uns jedoch an das Alter denken: Wenn wir nicht richtig aufpassen, landen wir noch vor der

Zeit im Kreis der Tanten und Onkel. Diese Einstellung macht es verständlicherweise nicht leichter, mit Stil und in Würde älter zu werden oder, wie die Engländer sagen: „to grow old gracefully". Statt zu akzeptieren, dass wir auf dem Weg in eine neue Epoche mit ihren besonderen Herausforderungen und Aufgaben, ihrer Freude und ihrer Trauer sind, jagen wir noch im fortgeschrittenen Alter einem Jugendideal nach. Wie ich das mit meinem alten Fahrrad getan habe, müssen wir uns selbst aus einer neuen Perspektive und einem neuen Blickwinkel betrachten, ohne die Augen vor möglichen Spuren des Alters zu verschließen. Es würde uns unendlich viel besser gehen, wenn wir um unsere verlorene Jugend zu Ende trauern und dann weitergehen würden.

Altern oder sich weiterentwickeln?

In der englischen Sprache kam in den sechziger Jahren der Begriff „ageism" – Altendiskriminierung – auf. Wie die Begriffe Rassismus und Sexismus beschreibt er ein voreingenommenes und stereotypes Denken. Wenn wir Stereotypen benutzen, verallgemeinern wir so sehr, dass wir uns um die Einzigartigkeit des Individuums bringen. Statt uns den einzelnen Menschen in seiner Besonderheit vor Augen zu führen, sehen wir lediglich eine Kategorie: Schwarze, Alte, Ausländer, Jugendliche, Behinderte. Diese Kategorie betrachten wir als Einheit und schaffen so eine Norm. Die Ähnlichkeiten rücken in den Vordergrund, während die individuellen Unterschiede verwischt werden. Vorgefasste Meinungen haben ein großes Durchsetzungsvermögen und gehen zu Lasten von differenziertem Denken. Neue Informationen werden durch die alten Vorstellungen filtriert, und was den bereits vorhandenen Klischees nicht entspricht, wird einfach nicht wahrgenommen. Mit der Zeit werden die Stereotypen als Wahrheiten erlebt: Die Schwarzen sind so, die Frauen sind so ... genauso, wie wir schon immer dachten.

Altendiskriminierung ist in unserer Kultur eine so tief verwurzelte Haltung, dass wir sie oft gar nicht wahrnehmen. Sie kommt auf vielerlei Weise zum Ausdruck, ob wir wollen oder nicht. Diskriminierung bedeutet, eine Gruppe zu marginalisieren, sie als Ausnahme zu betrachten und nicht ernst zu nehmen. Es gibt indessen einen großen Unterschied zwischen Rassismus und Sexismus einerseits und der Altendiskriminierung andererseits. Ein Mann kann niemals zur Frau und ein Schwarzer kann niemals weiß werden. Alle werden jedoch älter. Die Art, wie wir uns heute anderen gegenüber verhalten, wird uns eines Tages selbst betreffen.

Ich glaube, dass wir zwischen den verschiedenen Lebensstadien Brücken bauen sollten. Doch das schaffen wir nicht alleine. In Übergangszeiten können uns Rituale verschiedenster Art dabei helfen, Ordnung, Zusammenhang und Sinn zu schaffen. Und genau das brauchen wir, wenn wir im dritten Alter versuchen, Klarheit in ein Dasein zu bringen, in dem das Bekannte der Veränderung unterworfen ist. Die Rituale helfen uns, unseren Blick zu erheben und nicht in den Sog der quälenden Unruhe oder der blinden Euphorie zu geraten. Sie geben uns das Gefühl der Zugehörigkeit zu etwas Höherem und Dauerhafterem als unserer eigenen Existenz. In allen Gesellschaften gibt es Rituale, die die Übergänge zwischen verschiedenen Zuständen markieren. Wir haben Rituale für die Geburt, die Taufe, die Konfirmation oder Kommunion, die Ehe, den Rückzug aus der Arbeitswelt und, wenn die Zeit kommt, für das Sterben und die Bestattung. Ritualhandlungen, die den Übergang ins dritte Alter unterstreichen, glänzen also durch Abwesenheit. Jeder von uns ist darauf angewiesen, sich selbst zurechtzufinden. Mangels kollektiver Rituale schaffen es die Menschen, auf vielfältige Weise selbst Sinn in den Veränderungen in ihrem Leben zu finden und sie unter Kontrolle zu halten. Sich die Haare zu färben oder sie nicht mehr zu färben, alte Kleider wegzuwerfen und neue zu kaufen, sich den Bart abzurasieren oder ihn wachsen zu lassen, sich einen neuen Wagen zu kaufen, sich zu trennen und eine neue Beziehung einzugehen, die Arbeitsstelle zu wechseln, sich endlich für den Kurs anzumelden, den man schon lange besuchen wollte, sein Gesicht liften zu lassen, sich ein Haustier anzuschaffen oder auf eine lange Reise zu gehen – all das kann mangels kollektiver Handlungen ein symbolischer Ausdruck für ein tiefes Bedürfnis nach Ritualen sein, die einen Wendepunkt markieren. Wenn wir es schaffen loszulassen und den Schwierigkeiten, die die Veränderungen mit sich bringen, entgegenzugehen, ohne etwas zu überstürzen, können wir die Verwandlung erleben, die oft auf eine Periode der Verwirrung und Auflösung folgt und die den Beginn von Freiheit und Erneuerung darstellt. Die Probleme entstehen erst dann, wenn wir versuchen, den Nachmittag des Lebens nach dem Muster des Vormittags zu leben.

Derjenige, der seinem älter werdenden Ich mit Mut und Zuversicht begegnet, hat viel Gutes vor sich. Die Entwicklung hört nicht damit auf, dass wir erwachsen werden. Genauso wenig, wie das Alter eine Garantie für Reife ist. Die Reife kommt nicht von alleine, und manchmal tut sie weh. Aber sie kann eine spannende Entdeckungsreise werden für denjenigen, der sich nicht vor den Schwierigkeiten drückt. Leider sind wir schneller dabei, uns selbst nach dem zu beurteilen, was wir *nicht* sind, als nach dem, was wir *sind*; nach dem, wie wir *waren*, als nach dem, wie wir *sein werden*. Unsere Lebenserfahrung, unsere Reife und unser Potential werden von Fehlern und Grenzen überschattet. Wir dürfen unser Alter nicht beschönigen, sondern wir sollten lernen, es mit einem milden Blick zu betrachten. Die irrtümliche Annahme, im dritten Alter gehe es vor allem darum, mit Verlust und Verfall fertig zu werden, kann sich leider als eine sich selbst erfüllende Prophezeiung erweisen. Ich vermute, dass wir erst in diesem Alter dazu fähig sind, ganz und gar diejenigen zu sein, die wir ursprünglich sein sollten. Erst jetzt können wir für unsere eigene authentische Art gerade stehen und uns einen Dreck um das scheren, was uns gefangen halten will in einer ohnmächtigen Sehnsucht nach der vergangenen Zeit oder in einem ebenso sinnlosen Jagen nach allem, was frisch und neu ist. In beiden Fällen besteht nämlich die Gefahr, dass man das Kräuseln auf der Wasseroberfläche für das hält, was in der Tiefe geschieht und was allein zu einer echten Entwicklung führt. Dann würde man die unvergleichliche Chance verpassen, zu dem Menschen zu werden, der sich erst zeigt, wenn man über fünfzig ist, und der die ersten Jahre des dritten Alters hinter sich hat. Im Unterschied zu einer äußeren Veränderung bedeutet Entwicklung eine Transformation. Der Begriff weist auf beides hin: darauf, dass man etwas hinter sich lässt, und ebenso auf den Prozess, in dem sich etwas aus seiner schützenden Schale löst, seine Form verändert, reifer und ganz wird. Eine Metamorphose findet statt und lässt etwas Neues entstehen, das das Alte mit einschließt und gleichzeitig um ein Vielfaches übersteigt. Die einzige Gewissheit besteht darin: Das Leben verändert sich in jedem Augenblick. Das Dasein besteht aus nichts anderem als aus zufälligen Strukturen, kurzen Begegnungen, vorübergehenden Lösungen verschiedener Art, aus Ereignissen und Gesichtern, die vorbeigehen. Sobald man sich an etwas gewöhnt hat, ahnt man bereits, dass etwas anderes dabei ist, Gestalt anzunehmen. Die Saat wächst natürlich nicht ohne Wasser und Licht. Was im Werden begriffen ist, muss genährt werden, sonst verwelkt es und gelangt nie zu seiner Vollendung. Wenn wir unseren grundlegenden Bedürfnissen nicht ausreichend entgegenkommen, werden wir uns schwerer damit tun, das Potential des älteren Menschen zu sehen und es zu nutzen. Man hat nicht weniger Bedürfnisse, bloß weil man älter ist. Die Bedürfnisse machen sich nur anders bemerkbar als in früheren Jahren.

Was brauchen wir, um zu wachsen und zu gedeihen? Zuallererst wollen wir lieben und geliebt werden, glaube ich, was auch bedeutet, dass wir uns auf andere verlassen können und selbst zuverlässig sind. Ein weiteres grundlegendes Bedürfnis liegt darin, gesehen, unterstützt und respektiert zu werden, so, wie wir sind, und unsere Talente zu entdecken und zu entwickeln, Neues zu lernen, uns selbst und die Welt um uns herum besser kennen zu lernen und die Chance zu haben, an sinnvollen Projekten teilzunehmen, die unsere Kreativität und unsere Lebenslust fördern.

Manchmal kümmern wir uns nicht um unsere Bedürfnisse

oder vernachlässigen sie, ohne uns dessen bewusst zu sein. Deshalb ist es wichtig, dass wir uns erforschen und fragen: Was brauche ich zur Zeit, und wie nehme ich mich meiner Bedürfnisse an? Was fehlt mir im Leben? Was sollte ich aus meinem Leben aussortieren? Worauf kann ich freiwillig verzichten, und was ist für mich lebensnotwendig?

Als ich in ein paar alten Zeitschriften blätterte, stieß ich auf folgende Übung: Stellen Sie sich vor, Sie gehen auf einem Waldweg spazieren. Sie drehen sich um und sehen, dass Ihnen ein Kind folgt. Betrachten Sie es genau. Das Kind sind Sie selbst, als Sie klein waren. Schauen Sie, wie es sich bewegt und welche Kleider es trägt. Betrachten Sie seinen Gesichtsausdruck, und versuchen Sie, sich in sein Leben hineinzuversetzen. Woran denkt es gerade? Will es etwas von Ihnen? Was für Gefühle weckt es in Ihnen? Bitten Sie das Kind, einen Moment stehen zu bleiben, und spüren Sie in sich hinein, wie es ist, es so nahe bei sich zu haben. Gibt es etwas, das Sie ihm sagen oder vermitteln wollen? Schauen Sie nun wieder nach vorne. Eine alte Frau geht vor Ihnen her. Sie wendet sich um und erblickt Sie, wie Sie vorher das Kind erblickt haben. Was fühlen Sie, wenn Sie diese Frau sehen? Was, meinen Sie, denkt sie gerade? Will sie Ihnen etwas sagen? Hören Sie ihr zu, denn ihre Stimme flüstert bereits in Ihnen und erinnert Sie daran, dass Sie viel mehr über sich selbst wissen, als Sie meinen.

Seinen Weg finden

Das dritte Alter als eine Periode fortwährender Entwicklung zu betrachten bringt als Nächstes einen Paradigmenwechsel mit sich. Der Begriff „Paradigma“ – das griechische Wort für Vorbild – wurde von dem Soziologen Thomas Kuhn geprägt, um die Entwicklung der Wissenschaften zu beschreiben, vor allem die Durchbrüche, die dort regelmäßig stattfinden und die bis dahin gültigen Erklärungsmodelle sprengen, so dass ein vollkommen verändertes

Bild der Wirklichkeit entsteht. Ein Paradigmenwechsel bedeutet, dass die herkömmlichen Auffassungen ihre Geltung verlieren, da ein besseres, passenderes und zeitgemäßeres Erklärungsmodell entwickelt wurde, das die Grundlagen des Denkens unwiderruflich verändert hat. In ihrem Artikel *Von der Krise zum Wachstum in der zweiten Lebenshälfte* benutzen die Gerontologen O'Connor und Wolfe den Paradigmenbegriff, um die Veränderungen zu beschreiben, die im dritten Alter das Selbstbild erschüttern und die bis dahin funktionierenden Muster außer Kraft setzen. Die persönlichen Paradigmen eines Menschen bestehen aus seinen Meinungen, seinen Erwartungen, seinen Wahrnehmungen, seinen Gefühlen, Gedanken, Erfahrungen, Erinnerungen, aus seinem Glaubenssystem und seinen Wertungen. Sie alle zusammen bilden eine persönliche, sinnvolle und geschlossene Weltanschauung. Mit Hilfe unseres eigenen Paradigmas schaffen wir uns ein konsequentes und zusammenhängendes Bild von der Welt. Das Paradigma ist der Rahmen, in dem wir die Wirklichkeit entschlüsseln und unseren Platz darin finden. Damit vermeiden wir Chaos, denn mit Hilfe des Paradigmas können wir uns leichter einbilden, dass die paradoxe Komplexität des Lebens zu begreifen sei. Und unbewusst streichen wir, was in unser Paradigma nicht passt.

Alles, was wir im Alltag erleben, ist von unserem persönlichen Paradigma durchdrungen: unsere Art, Probleme zu lösen und festzulegen, was richtig und was falsch ist, gut oder böse, wünschenswert oder verabscheuungswürdig. Erst wenn sich ein neues Paradigma durchgesetzt hat, wird die alte Denkweise verworfen. Viele kleine Veränderungen verlangen eine neue, adäquatere, wirklichkeitsgetreuere Auffassung vom Dasein und lassen uns einen teilweise veränderten Blick auf die Welt und auf uns selbst werfen. Ein Paradigmenwechsel ist eine Revolution. Danach ist alles anders.

Solange das meiste im Großen und Ganzen so funktioniert, wie wir es uns vorstellen, und ein Tag wie der andere ist, sehen wir keine Veranlassung dazu, uns unser Paradigma bewusst zu machen. Aber nichts dauert ewig. Jede Situation, jede Beziehung trägt in sich die Spuren ihrer Vergänglichkeit. Wir können fest damit rechnen, dass wir in den verschiedenen Phasen unseres Lebens regelmäßig gezwungen werden, unser Weltbild und unser Denken in Frage zu stellen. Im dritten Alter wird es offensichtlich, dass die uns vertrauten Paradigmen nicht mehr taugen. Vieles, das wir als gegeben betrachtet haben, müssen wir neu überprüfen und unter Umständen verwerfen. Während dieses Paradigmenwechsels ist es wohl das Beste, dass wir zu einem ordentlichen Sprung ansetzen und dann das Leben aus einem neuen Blickwinkel betrachten. Bevor sich jedoch die neue Ordnung etabliert hat, werden wir eine Zeit der Auflösung und der Verdrossenheit durchleiden. Sie ist, glaube ich, eine Voraussetzung dafür, dass alles, was gerade geschieht, zum Stillstand kommt. In diesem Fall ist es wichtig, dass wir Vertrauen haben und diese Zeit aushalten. Wir können die Metamorphose nicht beschleunigen. Sie folgt ihren eigenen Gesetzen. Eines aber ist sicher: Alles deutet darauf hin, dass noch im hohen Alter positive Entwicklung und Veränderung möglich sind.

Leider haben Psychologen der Entwicklung im dritten Alter nur wenig Aufmerksamkeit gewidmet. Es gibt eine Menge Theorien über die Entwicklung von Kindern und Jugendlichen. Genauso, wie es genug Untersuchungen zu den Verhaltensmustern in der Lebensmitte gibt, die man irrtümlich unter dem Begriff „Midlifecrisis“ zusammenfasst. Auch in Bezug auf das Alter und die Zeit unmittelbar vor dem Tod verfügen wir über ein ordentliches Wissen. Nur wenige haben sich jedoch um die Besonderheiten des dritten Alters gekümmert. Die Psychotherapeutin und Familienberaterin Jane Prétat ist eine der wenigen, die darüber geschrieben haben. In ihrem Buch *Reifezeit des Lebens* sagt sie: „Jeder von uns, ob er will oder nicht, befindet sich in einer Übergangsphase. Unser Leben verändert sich, aber wir wissen nicht, wie wir uns diesen Veränderungen gegenüber verhalten sollen. Wir suchen eine Antwort, finden aber nichts, was uns bei unserer Suche helfen könnte ... Heute hat sich in der westlichen Welt die

Lebensdauer verlängert. Infolgedessen ist ein großer Bedarf an Wissen entstanden, das älteren Menschen dabei helfen kann, den physischen und psychischen Abbau zu akzeptieren, der einer späten Blütephase vorausgeht."

Wenn man die gängige Literatur zur Entwicklungspsychologie überblickt, kann man den Eindruck gewinnen, dass die Entwicklung mit dreißig aufhört. Danach kommt lediglich die Wiederholung des Gleichen. Erik H. Erikson, einer der Pioniere der Entwicklungspsychologie, stellt eine leuchtende Ausnahme dar: Seine Bücher zur Entwicklung als lebenslangem Prozess sind bereits zu Klassikern geworden. Seine Gedanken gehen konform mit der modernen Entwicklungspsychologie, die die These vertritt, dass das menschliche Vermögen zum Wachstum und zur Entwicklung das ganze Leben hindurch sehr viel größer ist, als wir glauben. Unser Leben lang ringen wir um eine Vielzahl grundlegender Themen, die uns in verschiedenen Gestalten von der Wiege bis zur Bahre begleiten. Ein solches Thema ist zum Beispiel die Art, wie wir in unseren Beziehungen zu anderen Menschen mit Abhängigkeit und Nähe einerseits und mit Unabhängigkeit, Selbstständigkeit und Distanz andererseits umgehen. Wir müssen ein gesundes Gleichgewicht finden zwischen unserer Abhängigkeit von anderen Menschen und unserer Selbstständigkeit, zwischen unserem Mut, anderen nahe zu kommen, und unserer Fähigkeit, wenn nötig Distanz zu wahren. Unsere Kindheitserfahrungen haben eine enorme Auswirkung darauf, wie wir als Erwachsene sein werden, was aber nicht heißt, dass das, was später im Leben passiert, keine Bedeutung hätte. Den erwachsenen Menschen kann man im Kind erkennen, ebenso wie das Kind im Erwachsenen.

Der berühmte Psychologe C. G. Jung meinte, dass die zweite Lebenshälfte voller Entwicklungsmöglichkeiten stecke. Die wichtigsten Lebensaufgaben sind ihm zufolge: 1. der Wirklichkeit des Alters und des Todes ins Auge zu schauen und im Idealfall an den Punkt zu gelangen, wo man einsieht, dass Leben und Tod einander bedingen; 2. sein Leben zusammenzufassen und darüber zu reflektieren; 3. seine Schlüsse daraus zu ziehen und sich zu entscheiden, wie man den Rest seines Lebens verbringen möchte; 4. das Vergangene loszulassen; 5. seine eigene authentische Art zu finden; 6. den Sinn in seinem Leben zu finden; 7. seine kreativen Fähigkeiten zu entdecken und zu bejahen.

Älter zu werden kann ein seltsames Abenteuer sein, eine Zeit, in der man es endlich wagt, man selbst zu sein, und seinen Nachkommen seinen einzigartigen Beitrag zum Leben hinterlässt. Gleichzeitig ist die Reise zum Erwachsensein von vielen schweren Entscheidungen begleitet. Oft erleben wir eine schwere Krise in unserem Leben, die uns unsere Zerbrechlichkeit vor Augen führt und uns zeigt, dass das Leben unendlich mehr bedeutet, als wir ahnten. Es gibt vieles, das wir nicht verstehen und nicht kontrollieren können, und wenn wir Glück haben, erkennen wir im dritten Alter unseren wahren Wert und lernen Demut angesichts des Großartigen im Leben. Die Zeit ist da, um das, was sich unter der Oberfläche befindet, aber sich nie entfalten konnte, kennen zu lernen. Eine Menge „ungelebtes Leben“ kann in uns schwelen und darauf warten auszubrechen. Starke Gefühle, Spontaneität und Kreativität können nach fünfzig frei werden, wenn wir die Chance bekommen, eine Ahnung von den großen Rätseln des Daseins zu gewinnen. Das kann einen neuen und tieferen Kontakt zu uns selbst und zur Welt ermöglichen. Der Preis dafür ist, dass wir uns von unseren Illusionen verabschieden. Wenn wir wollen, können wir uns zeit unseres Lebens weiterentwickeln. Dabei geht es nicht darum, perfekt zu sein. Es geht darum, ganz zu sein.

2 Das Leben als Ganzes

Freiheit ist, was du mit dem tust, das dir angetan wurde.

Rollo May

Die Rückkehr der Kindheit

Es war einmal ein Chef in einem erfolgreichen Unternehmen. Im Alter von fünfzig Jahren hatte er alles, was er brauchte. Einen Volvo in der Garage, eine Villa in Lidingö, ein Sommerhaus im Fjäll, Aktien auf der Bank und eine Brieftasche voller Kreditkarten. Dazu liebenswürdige Kinder und eine tüchtige Ehefrau. Was konnte er sich mehr wünschen? Dieser Mann war mehr als zufrieden. Er hatte offensichtlich einen angenehmen und sicheren Lebensabend vor sich. Zumindest bis zu dem Tag, als sein Konzern von einer ausländischen Gesellschaft aufgekauft und er selbst arbeitslos wurde. Innerhalb einer Woche sah alles düster aus, aber er erholte sich rasch. „Das ist nichts, worüber man sich Sorgen machen müsste", sagte er allen, die ihm zuhören wollten. „Es wird – verdammt noch mal – herrlich sein, morgens auszuschlafen!" Er war vorausschauend genug gewesen, um für sich eine fette Rente auszuhandeln, und wollte sich nun mit Golf und Politik beschäftigen. Das hatte er sich wahrhaftig verdient.

Die Wochen vergingen. Wenn ihn jemand fragte, ob er seine alte Arbeit nicht vermisse, war er gereizt. Warum sollte er? Er konnte es doch nicht besser haben! Die Last, die sich im Morgengrauen auf seine Brust legte, zauberte er mit einer Joggingrunde oder mit einem ordentlichen Pass in der Sporthalle weg. Noch mehr Zeit verging. Er war ständig auf Achse, wurde Sprecher in seinem Rotary-Club, schrieb entrüstete Leserbriefe an die Lokalzeitung, schaffte sich einen Hund an, spielte Golf, wusch seinen Wagen, bastelte an seinem Boot, mähte seinen Rasen und betrank sich gelegentlich. Das Trinken schlich sich ohne großes Aufsehen ein. Bei der Examensparty seines Jüngsten entging es jedoch niemandem. Jeder konnte sehen, was los war, und die Nachbarn fingen an zu tuscheln, noch bevor es zur Gewohnheit wurde, dass er manchmal über seine eigenen Worte stolperte und nachmittags laut wurde.

Als das letzte Kind ausgezogen war und seine Frau oft Überstunden machte, fühlte sich der Mann in dem leeren Haus immer einsamer. Zu dieser Geschichte gehört auch, dass dieser Mann schon als kleines Kind seinen Vater verloren hatte. Er hatte nur ganz wenige und vage Erinnerungen an diese Zeit. Seine Mutter wollte nie über den abwesenden Vater reden, und im Haus gab es weder Photos noch etwas anderes, was seine Erinnerung aufgefrischt hätte. Seine Fragen wurden mit düsteren Mienen und Schweigen beantwortet, manchmal sogar mit Tränen, und bald wurde auch der Junge still. An dem Tag, als seine Mutter Walle heiratete, hatte er seinen Vater mehr oder weniger vergessen. Trotzdem befanden sich in seinem Unterbewusstsein Spuren von seinem Vater und starke Gefühle, die in ihm tobten, aber nie einen Namen bekommen hatten.

Nun war die Mutter schon lange gestorben, und Walle war umgezogen. Eines Abends klingelte das Telefon. Ein Nachbar von Walle hatte ihn tot in seiner Wohnung aufgefunden. Der Mann war bestürzt über die unendliche Trauer, die von ihm Besitz ergriff. Um sie zu betäuben, nahm er es auf sich, sich um das Praktische zu kümmern und Ordnung in Walles Angelegenheiten zu bringen. Außerdem schaffte er es, dessen verzweigte und nicht sonderlich interessierte Verwandtschaft zu einem würdigen Begräbnis zu versammeln. Danach nahm alles wieder seinen gewohnten Gang. Nur die Trauer des Mannes wollte nicht abnehmen. Im Gegenteil: Sie wurde so intensiv, dass ihn nachts Albträume aus dem Schlaf rissen und er im Morgengrauen aufwachte, nach Luft schnappte und wie ein Kind schluchzte. Tagsüber war der Mann müde und träge und sah allmählich alles schwarz. Immer öfter ging er an Walles Grab in der unausgesprochenen Hoffnung, dort Ruhe zu finden. Aber es wurde nicht besser.

Seine Ehefrau bekam Angst. Eines Abends rief sie verzweifelt ihren Arzt an, der erkannte, wie ernst der Zustand des Mannes war, und ihn in die Psychiatrie schickte. Dort sagten sie ihm, dass er an einer Depression leide. Es hätte schlimm ausgehen können. Zum Glück aber traf er auf einen klugen Menschen und konnte, statt Pillen zu bekommen, mit jemandem reden. Am Anfang war der Mann störrisch. Er brauche keinen Seelenklempner, sagte er, aber er protestierte mehr der Form halber, denn, wenn er ehrlich war, fühlte er sich erleichtert, endlich zu entspannen und die Verantwortung abzugeben.

Eines Tages stellte man ihm eine Frage, die ihn richtig nachdenklich stimmte: „Wie kam es, dass Ihr Vater aus Ihrem Leben verschwand?" Er merkte, dass er keine Antwort darauf hatte. Und das war der Anfang vieler ernsthafter Überlegungen, warum er so wenig über seine ersten Lebensjahre wusste. Was war geschehen? Warum hatte kein Erwachsener jemals mit ihm darüber geredet? Wie ging es ihm selbst während dieser Zeit? Bald wurde klar, dass der Mann nicht nur um Walle trauerte, sondern auch um seinen eigenen Vater. Die Erinnerungsbruchstücke traten zu Tage und nahmen Form an. Der Mann war verblüfft über all die Gefühle, die er während seines gesamten Erwachsenendaseins vor sich selbst versteckt gehalten hatte. Bereits als Kind war er ein Meister darin gewesen, seine Sehnsucht, seine Angst, seine Trauer und seinen Zorn hinter einem glatten, unbekümmerten Lachen zu verbergen. Und als Erwachsener hatte er es ebenso gehandhabt. Nun trat auch der Schmerz über den Verlust seiner Arbeit zu Tage, und der Mann konnte endlich verstehen, was er eigentlich durchgemacht und wie ihn das getroffen hatte.

Solche Reaktionen sind nichts Ungewöhnliches, wenn das Gewohnte plötzlich auf dem Kopf steht und das bekannte Kartenhaus zusammenbricht – auch wenn es nicht immer so dramatisch aussehen muss wie bei diesem Mann. Was vergangen ist, ist selten weit weg. „Ich glaube nicht daran, dass man sich das zurückerobern kann, was man in der Kindheit vermisst hat. Aber man kann sich Schwimmflügel zulegen", hat die Schauspielerin Lena Olin einmal in einem Interview gesagt, und ich glaube, sie hat Recht. Was von dem schutzlosen Kind, das wir einmal waren, übrig bleibt, wird vermutlich unser Leben lang seine Stimme hören lassen, besonders, wenn wir in eine schwierige, kritische Lage geraten, wenn der psychische Selbstschutz geschwächt oder zeitweise ganz aufgelöst ist. Es kann passieren, dass ein Kind dermaßen überwältigt wird von seinen Erfahrungen, dass es sie aus Angst, in Gefühlen zu versinken, mit denen es nicht umgehen kann, verdrängt. Leider geschieht dies oft auf Kosten der Entwicklung seines authentischen Ichs. Stattdessen entwickelt sich eine „provisorische" Persönlichkeit. Dies ist der Versuch des Kindes, in seinem Leben Sinn und Zusammenhang zu finden. Das empfindliche Kind beobachtet und interpretiert das Leben, so gut es kann. Wie klar es auch sehen mag, zieht es jedoch oft falsche Schlüsse, ganz einfach deshalb, weil es sein Vertrauen zu den Erwachsenen aufrechterhalten möchte. Aus diesem Grunde ist es üblich, dass ein Kind die Schuld für das Schlimme, das passiert, auf sich nimmt. Wie gut hätte ich es haben können, wäre ich nicht ein so böses Kind gewesen! So zu denken, kann der Versuch sein, die Hoffnung auf ein glücklicheres Leben aufrechtzuerhalten. Mit der Zeit graben sich Scham und Schuld in seine Seele ein und verzerren das Selbstgefühl des Kindes, während die Erwachsenen einfach so davonkommen. Das Kind erhält das Bild der guten Eltern aufrecht auf Kosten der Verbindung zu seinem authentischen Ich. Viele Kinder werden schlecht behandelt. Es ist nur allzu gewöhnlich, dass das Unverfälschte und Spontane im Menschen unterdrückt wird, noch bevor es die Chance hatte zu wachsen. In der Folge bleiben die Entwicklungsmöglichkeiten unentdeckt, die Fähigkeiten unentwickelt, und das Wahre und Lebendige verkümmert. Zurück bleibt eine vertrocknete Schale, die mit scheinbar authentischem Leben gefüllt wird.

Schein und Wirklichkeit

Eine der Figuren in Eugene O'Neills Theaterstück *Eines langen Tages Reise in die Nacht* sagt: „Was das Leben aus einem gemacht hat, dafür kann keiner was. Ehe man sich's versieht, ist es passiert. Und dann geht es einfach immer so weiter, und man entfernt sich immer mehr von dem, wie man sein möchte, und am Ende hat man sich selbst für immer verloren." Diejenigen von uns, die Eltern sind, hatten Eltern, die selbst Eltern hatten, die ihrerseits auch Eltern hatten, usw. Es gibt, glaube ich, nicht viele Menschen, die ihren Kinder absichtlich wehtun. Tatsache ist jedoch, dass es fast unmöglich ist, das Wohl des Kindes in einer Gesellschaft im Blick zu behalten, die beharrlich den Wünschen der Erwachsenen Priorität vor den Bedürfnissen der Kinder einräumt.

Es kann schmerzhaft sein, im dritten Alter auf die ganze Zeit zurückzublicken, die man bereits gelebt hat, und gleichzeitig einzusehen, dass vieles nicht zu Stande kommen wird. Mit aller Wahrscheinlichkeit wird man kein Haus auf Djurgården mehr besitzen, nicht auf Safari gehen, keinen Bestseller schreiben, nicht fünf Kinder bekommen, kein Griechisch lernen, nicht Ballett tanzen, keinen Grafen heiraten, keine zwanzig Kilo abnehmen, nicht frei vor Publikum Reden halten, kein Profifußballer werden, nicht viel Geld verdienen, nicht um die Erde segeln, nicht die russischen Klassiker lesen, nicht unter tibetischen Mönchen in der Weisheit wachsen, keine Könige treffen oder was auch immer man für heimliche Träume hatte. Jacques Werups Gedicht *Dem Ungeschriebenen* beschwört den Gedanken des Unvollbrachten. Hier ist eine Strophe daraus:

> So viele Bücher, die niemals geschrieben,
> so viele Briefe und Erinnerungen –
> wie Gras, vielleicht wie Gras geschrieben,
> eins nach dem anderen, oder wie Wind,
> wie eine Schrift aus Wasser und aus Wolken.

Wenn wir plötzlich erkennen, was alles nicht mehr möglich ist, kann es passieren, dass wir diese Erkenntnis als Vorwand benutzen, um das, was tatsächlich verwirklicht werden kann, nicht anzugehen. Es ist gefährlich leicht, das Mögliche für das Unmögliche zu halten und realistische mit unrealistischen Träumen zu verwechseln. Gewiss können einige unserer Träume nicht in Erfüllung gehen. Aber genauso viele können Wirklichkeit werden, wenn wir dazu bereit sind, uns Mühe zu geben und Verantwortung für sie zu übernehmen. Ich bin überzeugt davon, dass die wichtigsten Hindernisse im Leben nicht in den äußeren Grenzen liegen, sondern in uns selbst. Verantwortung übernehmen wir, indem wir die Schuld nicht anderen, den Umständen oder unserer unglücklichen Kindheit, der Gesellschaft oder den Sternen geben. „Das geht nicht", ist keine annehmbare Erklärung dafür, dass wir nicht versuchen, das zu tun, was wir wollen. Bevor wir unsere Visionen verwerfen, sollten wir die Aussichten untersuchen, sie zu realisieren. Mitten im Leben müssen wir unsere Träume prüfen und sortieren, damit wir dann diejenigen verwerfen, mit denen wir nichts mehr anfangen können. In Selbstachtung älter zu werden bedeutet also, uns selbst mit realistischen, nicht mit erschöpften Augen zu betrachten. Wir müssen lernen, Schein und Wirklichkeit zu trennen – sowohl was uns selbst als auch was andere betrifft –, um uns dann für unsere Visionen stark zu machen und zu begreifen, dass wir uns aussuchen können, was für eine Art Mensch wir sein wollen. Eine ordentliche Erschütterung in unseren späten mittleren Jahren bietet eine phantastische Möglichkeit, uns wieder darüber klar zu werden, wer wir sind und was wir wollen. Vielleicht können wir uns endlich von dem falschen Selbstbild befreien, das uns als Kinder aufgebürdet wurde und uns seitdem begleitet.

Ich kann mir vorstellen, dass hinter der unbestimmten Angst, die manche Menschen im fortgeschrittenen Alter empfinden, das Gefühl steht, nicht genügend in Einklang mit ihrem authentischen Ich gelebt zu haben. Als Psychologin habe ich oft gehört, wie diese Erfahrung als ein „Druck“ von innen heraus beschrieben wird, als wollte etwas hervorbrechen. Vielleicht haben wir viel Zeit und Energie damit verschwendet, es anderen recht zu machen und mit einem Ziel zu leben, das wir tief in unserem Inneren als fremd empfinden. Wenn wir über fünfzig sind, ist das Allerwichtigste, auf unsere eigene innere Stimme zu hören und dann darauf hinzuarbeiten, dass sie ihren Ausdruck findet.

Wenn uns die Vergangenheit einholt und das Kind in uns zum Vorschein kommt, können wir von der Macht der Gefühle überwältigt werden. „Mein ganzes Leben lang habe ich einen kleinen Jungen in mir getragen. Er ist zwei Jahre alt und hat Angst, verdammt große Angst. Das Einzige, was er weiß, ist, dass er zu nichts taugt und dass alles den Bach hinuntergeht. Trotzdem versucht er die ganze Zeit, tüchtig zu sein. Das ist seine einzige Chance. Weil so vielleicht jemand auf ihn aufmerksam wird. Und ihn vielleicht ein wenig mag. Aber das ist eher ein Traum. Weil ihm selten etwas gelingt. Er wagt es nicht. Deshalb schaut er, dass alles kaputtgeht. Das Scheitern ist eine Sicherheit, in der er sich daheim fühlt.“ So liest man in einem Zeitungsinterview mit einem fünfzigjährigen Mann, der gegen seine Alkoholabhängigkeit kämpft. In Gedanken in seine frühe Kindheit zurückzukehren kann den Versuch bedeuten, Kontakt mit sich aufzunehmen, bevor man von den vielen Kräften beeinflusst wird, die einen erziehen und vielleicht verdrehen wollen. Viele von uns beherrschen bis zur Vollendung die Kunst, jeden Ausdruck des Kindes in uns zu verdrängen. Das Spielen wiederzuentdecken ist ein viel versprechender Anfang, dem authentischen Ich auf die Spur zu kommen.

Loslassen lernen

Man trägt jedoch nicht nur seine Kindheit, sondern seine gesamte Familientradition in sein Erwachsenendasein hinein. Familientherapeuten benutzen manchmal ein so genanntes Genogramm – eine

Art emotionalen Familienbaum –, das die Züge beleuchtet, die in einer Familie über Generationen hinweg charakteristisch waren und die die einzelnen Mitglieder zusammengehalten haben. Versuchen Sie Ihr eigenes Genogramm zu zeichnen. Es kann Ihnen Einsichten gewähren in das psychologische Gepäck, das Sie mit sich herumtragen. Und so funktioniert es: Nehmen Sie ein Blatt Papier und schreiben Sie den Namen Ihrer Mutter und Ihres Vaters auf, zusammen mit drei Eigenschaften, die Ihrer Meinung nach typisch für sie sind, sowie drei Worten über ihr Aussehen. Zeichnen Sie anschließend so viele Zweige des Familienbaums, wie Ihnen bekannt sind – Tanten, Onkel, Cousins und Cousinen, Geschwister und Großeltern –, und machen Sie das Gleiche für jeden dieser Verwandten unabhängig davon, ob Sie sie selbst gekannt haben oder ob Sie nur über andere erfahren haben, wie sie waren. Auf diese Weise können Sie einen Einblick in die Muster in Ihrer Familiengeschichte bekommen und erkennen, wo Ihr Wissen über Ihre Verwandtschaft aufhört. Vielleicht lernen Sie dabei auch etwas Neues über Ihren eigenen Platz innerhalb des Familiensystems.

Es kann keine Entwicklung stattfinden, wenn man das, was war, nicht loslässt. Deshalb ist Trennung ein Hauptthema bei jeder Veränderung. Zwischen fünfzig und sechzig das Vergangene hinter sich zu lassen bedeutet nicht nur, sich von seinem jugendlichen Aussehen, von seinem Status oder von seiner Rolle zu verabschieden. Dies können zwar wichtige Bestandteile der Veränderung sein. Das Gesamtbild ist jedoch unendlich viel komplizierter, und das Gefühl des Verlusts geht viel tiefer. Langsam, aber sicher gleitet einem das, was man als gewiss wähnte, aus den Händen. Manchmal sind es konkrete Ereignisse, die dies bewirken – ein Elternteil stirbt, die Kinder ziehen aus, ein Partner macht sich davon, oder man verliert seine Arbeit. Mindestens genauso oft geht es um eine unbestimmte Trennungsangst, die mit Illusionen, Lebenslügen und zerbrochenen Träumen zu tun hat.

Blickt man zurück, werden einem zum Beispiel die eigenen Fehler und Missgriffe bewusst. Auch eine schlechte Wahl, unüberlegte Worte, ungerechtes und unbarmherziges Handeln haben ihren Platz in einer Selbstprüfung. Im Nachhinein sieht man vielleicht, dass es genau die Situationen waren, in denen man „falsch“ handelte, die für die entscheidenden Schritte in unserer Entwicklung die größte Bedeutung hatten. Ein erfahrener Mensch hat eine klare Urteilskraft. Zu einer klaren Urteilskraft gelangt man allerdings erst, nachdem man unzählige falsche Entscheidungen getroffen und im besten Falle daraus gelernt hat. Um es mit dem geflügelten Wort Mark Twains zu sagen: „Gute Entscheidungen kommen von der Erfahrung, und Erfahrung kommt von schlechten Entscheidungen.“

Auf dem Weg zu unserem authentischen Ich müssen wir eine ganze Menge Gerümpel wegwerfen. Unser Selbstbild – zum Beispiel der viel versprechende junge Akademiker, die bildschöne Frau, der unentbehrliche Chef oder die sich aufopfernde Mutter – stimmt vielleicht nicht mehr mit der Wirklichkeit überein, wenn uns die Jahre eingeholt haben. Jede Veränderung weckt Widerstand. Es ist ein psychologisches Paradox: Einerseits will man den gegebenen Rahmen verändern, andererseits will man es nicht. Der Unwille zur Veränderung kann sich auf vielerlei Weise zeigen: als ein Gefühl der Erschöpfung, als ständiges Suchen nach einer neuen Arbeit, einem neuen Partner, neuen Erlebnissen oder als Missbrauch jeglicher Art, einschließlich des Missbrauchs, zu viel oder zu wenig zu arbeiten. Auch destruktive Gedanken oder Handlungen wie Depression, Untreue, Starre usw. können ein Weg sein, unsere Situation nicht zu verändern. Wir Menschen sind erfinderisch, wenn es darum geht, gegen eine Veränderung und die Identitätskrise, die sie auslöst, anzukämpfen. Eine Möglichkeit, dies zu tun, liegt darin, uns selbst davon zu überzeugen, dass sich mit den Jahren nichts geändert hat, und einfach stur an einem Verhalten festzuhalten, dass sich längst überlebt hat. So handelt z. B. eine Frau, die denselben Kleidungsstil, dieselbe Frisur und dieselbe Schminke trägt wie in ihrer Jugend oder es auf andere Weise nicht schafft, sich von dem Bild der jungen Frau, die sie einmal war, zu verabschieden. Ein anderes Beispiel ist ein Mann, der ein übertriebenes, herausforderndes Machoverhalten an den Tag legt. Oder Frauen, die, statt ihre Kinder ihre eigenen Wege gehen zu lassen, ihren einzigen Lebenssinn darin sehen, Mutter zu sein. Oder aber Menschen, die mit Jugendlichen um die Wette Musik hören, die gerade „in" ist, und ihre Sätze mit den letzten Slangausdrücken würzen. Wenn man nicht aufpasst, kann man mit den Jahren zu einer Karikatur seiner selbst werden. Es kann verlockend sein, eine Tugend daraus zu machen, genauso zu leben wie früher, ohne sich zu fragen, inwieweit dies mit dem Leben heute noch übereinstimmt. Mitten im Leben werden die alten Lebensstrategien, auf die wir uns bis dahin verlassen haben, in Frage gestellt. Denn sie verlieren ihre Wirksamkeit und zwingen uns umzudenken.

Einer der Gründe, warum Entwicklung schmerzhaft ist, liegt darin, dass man in Zeiten der Veränderung mit seiner Vergangenheit in Berührung kommt. Wie im Falle des Mannes, von dem ich zu Beginn dieses Kapitels berichtete, geschieht dies dann, wenn man es am wenigsten erwartet. Eine Figur in Anita Brookners Roman *Altered States* drückt dies folgendermaßen aus: „Vielleicht war es ganz natürlich, nicht zu wissen, dass das Leben immer komplexer werden sollte. Ich wurde erwachsen und meinte, die Spielregeln zu kennen. Glücklicherweise – wenn ich an meine Seelenruhe denke – hatte ich keine Ahnung davon, dass mitten im Leben das Wasser wieder trüb werden und meine Sorgen wieder auftauchen konnten." Wenn alte Gefühle wieder auferstehen und uns in ihrer Intensität überraschen, wissen wir nicht immer, was eigentlich los ist. Wenn sich die Angst beispielsweise durch unbegreifliche Passivität, Niedergeschlagenheit und Mattheit ausdrückt, kann es besonders schwer sein, die Kraft zu finden, sich mit seiner Vergangenheit auseinander zu setzen. Bevor man den nächsten Schritt machen kann, muss man feststellen, *was wehtut* und *wovon man sich befreien muss*, mit anderen Worten: Man muss sehen, worin das wirkliche (im Unterschied zum eingebildeten) Problem besteht.

Ein eigenes Individuum werden

Unsere Beziehung zu den Eltern ist selten einfach. Damit werden wir für gewöhnlich im dritten Alter wieder konfrontiert, wenn die Eltern krank werden und sterben, unsere Kinder ihrerseits Kinder bekommen und wir von einem Tag auf den anderen zur ältesten Generation zählen. Manche Menschen sind schockiert, wenn sie eines Tages feststellen, dass sie physisch oder psychisch ihren Eltern zu ähneln beginnen. Dies kann sich in einer Geste verraten, in einem Ausdruck oder einem Tonfall, und plötzlich sind wir ganz der Papa oder die Mama. In einem unbemerkten Augenblick erkennen wir in einem Schaufenster die Gestalt unserer Eltern und merken im nächsten Moment, dass es sich um uns selbst handelt. Unsere Eltern lassen uns erahnen, wie wir einmal sein werden.

Viele Menschen stehen auch in fortgeschrittenem Alter unter dem Einfluss ihrer Eltern. Diese übrig gebliebene Abhängigkeit macht sich in vielerlei Weise bemerkbar, zum Beispiel im Verhalten denjenigen gegenüber, die Macht über uns haben oder über die wir Macht haben. Es ist auch ein Ausdruck der Abhängigkeit, wenn wir in Konkurrenz mit unseren Eltern treten und ihre Leistung immer noch ein Maßstab für unsere eigene ist. Manche Menschen geraten nach fünfzig in ein umgekehrtes Abhängigkeitsverhältnis zu ihren Eltern. Der Ekel, den manche Teenager vor dem Körper ihrer Eltern empfinden, kann zurückkehren, wenn man für diese sorgen muss und in engen Kontakt mit ihrem nackten Körper kommt. Ist ein Elternteil früh gestorben, kann es ein merkwürdiges Gefühl sein, älter zu werden als er oder sie. Dieses Gefühl habe ich selbst erlebt, als ich mit achtunddreißig Jahren älter wurde als meine Mutter Eileen bei ihrem Tod. In letzter Zeit taucht sie immer wieder in meinen Gedanken auf. Neulich habe ich eine alte Photographie von ihr entstaubt und auf meinen Schreibtisch gestellt. Wenn ich sie anschaue, frage ich mich, wie sich das wohl angefühlt hätte, meine Mutter altern zu sehen und sie als Vorbild für mein eigenes Älterwerden zu haben. Heute lebt sie auf eine ganz andere Art in mir als früher.

Wenn wir sehen, wie unsere Eltern gebrechlich werden, überkommt uns manchmal ein Gefühl der Wärme und der Liebe für diejenigen, die früher so mächtig waren und nun ihrer Kraft beraubt sind. Aber auch andere Gefühle wie Feindschaft, Aggression, Schadenfreude, Rache und Schuld können unsere Seele vergiften, wenn wir nicht an ihnen arbeiten. Im dritten Alter müssen wir unseren eigenen Weg finden, uns mit unseren Eltern zu versöhnen. Es ist schon viel gewonnen, wenn wir uns mit dem Gedanken abfinden, dass sie wahrscheinlich das meiste von dem getan haben, was sie konnten. Oder dass wir zumindest akzeptieren: „Vorbei ist vorbei." Verklären wir im fortgeschrittenen Alter noch immer unsere Eltern, heißt das, dass wir unsere Verantwortung als Erwachsene abgeben. Uns, das heißt auch, dass wir wahrscheinlich verbittert und unversöhnt alt werden. Eine neue Rollenverteilung gegenüber unseren Eltern gehört im dritten Alter einfach dazu. Das gibt uns eine neue Chance, mit unserer Vergangenheit abzurechnen, und das heißt: endlich frei zu sein.

Sobald wir erkennen, dass das Leben endlich ist und es höchste Zeit für uns wird, erwachsen zu werden, drängen sich die Aufgaben und wollen gelöst werden. Jetzt haben wir die Chance, uns von unseren alten Ängsten und unserem alten Verhalten zu befreien. Wir können endlich damit aufhören, anderen die Schuld zu geben für das, was in unserem Leben nicht läuft, und die volle Verantwortung übernehmen. Erst wenn man sich dazu entschlossen hat, erwachsen zu werden, kann man ein eigenes Individuum im eigentlichen Sinne des Wortes sein: also ein Mensch, der nicht geteilt werden kann, der in sich stimmig und ganz ist. Was man nicht direkt in Angriff nimmt, neigt dazu, in verkleideter Form aufzutauchen, wenn wir schlafen. In Übergangszeiten kann es wichtig sein, auf seine Träume zu achten. Manchmal geben sie uns eine unerwartete Wegrichtung an. Wer es wagt, sich der Botschaft seiner Gefühle auszusetzen, hat die Chance, sich selbst zu gewinnen – ein

Prozess, der Zeiten der Stille und Reflexion voraussetzt. „Mangels Sonne unter dem Eis zu reifen wissen“, sagt Camus. Denn um zu wachsen, braucht man Ruhe.

Im ersten Kapitel habe ich von „Liminalität“ und der Einsicht gesprochen, dass man sich, wenn man älter wird, im Grenzland zwischen verschiedenen mentalen Zuständen befindet. Das Kaleidoskop wird bewegt, und wenn die einzelnen Elemente wieder eine neue Ordnung gefunden haben, entsteht ein neues Muster und ein neuer Ausgangspunkt. Plötzlich haben wir einen neuen Platz im Dasein mit neuen Aussichten und neuen Alternativen. Um uns hier gut einzurichten und den neuen Zustand zu genießen, müssen wir ein für allemal die Scheuklappen der Jugend ablegen und uns mit der Angst vor dem Älterwerden auseinander setzen. Dann haben wir gute Chancen, vorwärts zu kommen und eine eigene, neue Art zu leben zu finden. Todesangst und Geburtswehen sind Zwillinge. Immer muss erst etwas weichen, damit das Neue erkannt wird. Liminalität meint *beides*, Tod *und* Erneuerung, und hat mehrere Dimensionen. In gewissem Sinne ist sie *zeitlich begrenzt.* Auf der anderen Seite der Schwelle wartet ein neuer Zustand, in dem das, was durcheinander geraten war, neu zusammengesetzt und integriert wird. Danach warten am Horizont andere Schwellen, die, jede zu ihrer Zeit, überschritten werden müssen. In diesem Sinne ist Liminalität ein *immer währender Zustand* in unserem Leben. Die Liminalität, die aktuell wird, wenn wir um die fünfzig sind, kann lange, manchmal sogar Jahre andauern.

Das Leben im Rückblick

Vor einigen Jahren schrieb ich *Dein ist das Wort (Ordet är ditt).* In diesem Buch geht es darum, wie man sich selbst kennen lernen kann, indem man über sein eigenes Leben schreibt. Seitdem bekomme ich eine Menge Anrufe und Briefe von Menschen in allen Lebensphasen – nicht zuletzt im dritten Alter –, die über ihr

Schreiben berichten. Die Lust daran, seine eigene Geschichte niederzuschreiben, scheint mir eine gesunde Reaktion darauf zu sein, dass die Jahre vorübergehen. Rückblick und Zukunftsaussichten haben miteinander zu tun. In der Literatur über das Älterwerden wird in verschiedenen Zusammenhängen dargelegt, warum es so wichtig ist, sein Leben im Rückblick („life review") schriftlich festzuhalten. Betrachtet man sein Leben und beschreibt seine Erfahrungen, kann man leichter daraus lernen und es als ein dynamisches Ganzes verstehen.

Sich darauf einzulassen, sein Leben zu gestalten, ohne zu verurteilen oder zu analysieren, gleicht dem, was man tut, wenn man einen Krug ins Wasser taucht: Irgend etwas holt man immer aus der Tiefe hervor, das einen genaueren Blick lohnt – eine Wasserprobe, Algen, eine Schnecke, einen Stein, eine Holzplanke, eine Flasche, die schon lange dahintreibt, und vielleicht etwas Gerümpel, das auf dem Grund ruhte. Taucht man seinen symbolischen Krug ein, bekommt man ein besseres Verständnis für das eigene Dasein. Es gibt mehrere Arten, wie man sein Leben im Rückblick niederschreiben kann. Man kann beispielsweise damit beginnen, sich an alle Menschen zu erinnern, die einem im Leben etwas bedeutet haben, oder an alle Orte, an denen man gewohnt hat. Man kann sich dazu entscheiden, sich frühere Reisen noch einmal zu vergegenwärtigen oder alte Arbeitsstellen, Nachbarn, Haustiere oder Schulen, die man besucht hat. Das Schreiben gelingt am besten, wenn man gar nicht erst den Ehrgeiz entwickelt, besonders gut zu schreiben, sondern den Worten den Raum gibt, von selbst Gestalt anzunehmen. Manchmal wundert man sich selbst. Folgt man seinem Gedankenstrom und schaut, wohin er fließt, entdeckt man viel Interessantes auf dieser Reise. Während man schreibt, schafft man etwas, das sowohl unabhängig von als auch tief verbunden mit einem selbst ist. Der innere Dialog, der zu Stande kommt, wenn man sich selbst begegnet, kann sehr fruchtbar und befreiend sein. Ganz neue Gedanken tauchen auf, wenn man schreibt. Ein Gedanke führt zum nächsten, dieser gebiert den dritten, der seinerseits noch mehr Ideen und Zusammenhänge entstehen lässt. Der Klang einer Kinderstimme, der Duft eines Gerichts oder die Farbe der ersten Festkleider können ausreichen, um ganz genaue Erinnerungen wachzurufen. Diese können sehr angenehm sein, aber auch Angstgefühle verursachen. In Krisensituationen oder anderen Übergangszeiten können die Bilder der Vergangenheit äußerst klar sein: Wird die ruhende Erinnerung wach, kann sie unser Leben in ein stärkeres, unbarmherzigeres Licht tauchen, als wir es gewohnt sind.

Ein Lebensrückblick setzt die Erinnerung in Gang und gibt ihr Struktur und Sinn. Die Erinnerung ist ein kreativer Prozess, der nicht aus Tatsachen, sondern aus subjektiven Gebilden besteht, die sich immer wieder verändern.

Würde man eine Gruppe Menschen zwischen sechzig und siebzig fragen, welche die populärste Fernsehsendung des vergangenen Jahres war oder wer zum Vorsitzenden einer bestimmten politischen Partei gewählt wurde, würden die meisten die richtige Antwort geben. Wahrscheinlich würden sie auch Fragen zu Ereignissen der fünfziger Jahre richtig beantworten, der Zeit, in der sie zwischen zwanzig und dreißig waren. Würden sich hingegen die Fragen auf das beziehen, was in der Zeit passierte, in der sie zwischen vierzig und fünfzig waren, würden es diese Menschen schon schwerer haben. Das meinen Wissenschaftler, die die Erinnerung im dritten Alter untersucht haben. Denn die stärkste Erinnerung des Menschen bezieht sich auf die Zeit der späten Adoleszenz bis hin zu seinem dreißigsten Lebensjahr. Das gilt sowohl für Ereignisse in der Gesellschaft als auch im privaten Bereich. Die Erfahrungen aus dieser Zeit bleiben in der Erinnerung stark präsent, behaupten die Wissenschaftler, und sie erklären dies folgendermaßen: a) Das erste Mal, dass man etwas tut (sich verliebt, Kinder bekommt, zu arbeiten beginnt, sich gesellschaftlich engagiert oder ein Haus kauft), hinterlässt einen ganz besonderen Eindruck. b) Was in den ersten Erwachsenenjahren geschieht, hat deshalb eine große Bedeutung, weil in dieser Zeit der Grund der eigenen Identität und des Selbstbildes gelegt wird. c) Unsere Geistesschärfe ist am größten, wenn wir jung sind, weshalb wir uns leichter an diese Periode erinnern. d) Aus genetischer Perspektive ist die Zeit als junger Erwachsener eine entscheidende Periode, da in dieser Zeit die Partnerwahl stattfindet und gesunde Kinder gezeugt werden sollen. Gute kognitive Fähigkeiten unterstützen diesen Prozess.

Schreiben kann die Funktion eines Scheinwerfers haben, den man auf das richtet, was verdeckt ist. Man sieht manchmal deutlicher, welchen Prüfungen man ausgesetzt war und wie man die Probleme gelöst hat. Vielleicht sieht man auch, wie ungelöste Probleme den Alltag weiter überschattet haben. Man entdeckt gemeinsame Nenner – dass zum Beispiel Menschen, die sehr gegensätzlich zu sein scheinen, sich eigentlich gar nicht so unähnlich sind, wie man dachte. Man erkennt, zu welcher Art Menschen man sich sein Leben lang hingezogen fühlte oder welche man gemieden hat, und man sieht, welche Teile der eigenen Persönlichkeit in diesen Beziehungen verstärkt oder verneint wurden. Man erkennt, welche Begegnungen destruktiv und welche bereichernd waren. Wenn man Glück hat, sieht man auch, aus welchen Gründen man die jeweilige Wahl getroffen hat.

Der Sinn eines Rückblicks auf das Leben liegt *nicht* darin, zum endgültigen und wahren Bild unseres Lebens zu gelangen. Aber er kann uns erkennen lassen, wie alles zusammenhängt, und uns den nächsten Schritt im Leben erleichtern. Unser aller Leben birgt Augenblicke, die sich tief in unser Gedächtnis einprägen. Viele allerdings sind von Nebel umhüllt. Manchmal kann es gut tun, in seine Kindheit zurückzukehren und sich die Mühe zu machen zu verstehen, was damals geschah und wie dies womöglich den gesamten Lebenslauf geprägt hat. Nicht selten zeigt sich, dass scheinbar zufällige Ereignisse zusammengehören und ein Muster bilden, das man erst aus der Entfernung erkennt. Die Bemühung, das in Worte zu fassen, was man erlebt hat, verändert die Dimensionen und stellt neue Aspekte in den Brennpunkt. Gegenwart und Vergangenheit kommen zusammen und bilden eine Ganzheit, die man besser begreifen kann. Während man schreibt, machen sich sowohl Freude als auch Trauer bemerkbar, und in der Stille vernimmt man das Echo eines entfernten Schreis. Sich zu erinnern kann einem helfen, über die Schwelle zum dritten Alter zu schreiten. Wenn man aber Angst vor der Erinnerung hat, bemüht man sich vermutlich nicht sonderlich um sie. Ann-Charlotte Smedler vergleicht in der Zeitschrift *Psykologtidningen* die Erinnerung mit Bildern. Wie wenn man Filme entwickelt, braucht man nämlich Geduld und muss vorsichtig zu Werke gehen: „Die Augenblicke müssen ins Bad gelegt werden und brauchen Muße, damit sie vor unserem Auge erstehen können. Sie müssen in den vergangenen Ereignissen gespült werden, und erst wenn sich das Geschehene zum nicht voraussehbaren, vollkommen Folgerichtigen entwickelt hat, ersteht die Erinnerung in ihrer ganzen möglichen Klarheit. Manchmal braucht man ein ganzes Leben, bis man weiß, was erinnerungswürdig ist." Über sein Leben zu berichten ist eine vitale und persönliche Handlung und für manche auch ein Weg, das Vergangene ruhen zu lassen. Im dritten Alter wird es langsam schade um die Zeit. Aus diesem Blickwinkel kann ein Rückblick auf das Leben ein erster zögerlicher Schritt dahin sein, seinen Tod anzunehmen.

„Derjenige Mensch ist am glücklichsten, der die Verbindung zwischen dem Ende und dem Anfang seines Lebens erkennen kann", sagt Goethe: Die Erinnerung könne unser Bewusstsein für die Gegenwart erneuern und unsere Fähigkeit zu staunen wiederherstellen. Wenn man über fünfzig ist, sollte man auf der Hut sein vor der Versuchung, sich in nostalgischer Sehnsucht nach den vergangenen Jahren zu ergehen, die wahrscheinlich gar nicht so schön waren, wie man glauben möchte. Eine mäßige Nostalgie tut gut, zu viel davon ist jedoch hinderlich. Das Wort Nostalgie stammt vom griechischen „nostos" (Heimkehr) und „algos" (Schmerz). Je nachdem, wie man mit ihr umgeht, ist Nostalgie konstruktiv oder destruktiv. Auch schöne Erinnerungen können schmerzlich sein, wenn sie darauf hinweisen, dass die Lebensumstände sich geändert haben und das, woran wir mit Freude zurückdenken, für immer verloren ist. Nostalgie ist eine Art Trauer über das, was zu Ende ging, drückt aber mehr aus als die Sehnsucht nach einem wirklichen oder eingebildeten Paradies. In der Nostalgie findet sich auch der Wunsch „abzurunden“, zu heilen und der Vergangenheit einen angemessenen Platz einzuräumen.

Man kann nie ganz sicher sein, was wirklich geschehen ist und wie die Welt um uns ausgesehen hat. Die Frage danach, was authentisch ist und was nicht, bleibt. Die persönliche Wahrheit ist kaum etwas, das wir ein für allemal finden, selbst wenn wir das gerne glauben würden. Indem wir uns erinnern und erzählen, konstruieren wir unser Leben immer wieder neu. Das müssen wir aushalten. Unser Leben zusammenzufassen stellt eine Möglichkeit dar, vertrauter zu werden mit dem, wer wir sind und wohin wir gehen. Es kann uns helfen, das kürzeste aller Gebete zu sprechen: Danke! Hilfe! Verzeihung! Wer es schafft, sich mit seiner Geschichte zu versöhnen, hat eine größere Chance, Gewohnheitsmuster zu durchbrechen und in Übereinstimmung mit seinem Alter zu reifen. Unsere Zeit auf dieser Welt ist wie ein Tropfen im kosmischen Ozean. Aber sie ist alles, was wir haben, und wir müssen sie nutzen, so gut wir können. Im dritten Alter müssen wir uns neu einlassen auf den Fluss des Lebens, indem wir auf seinen Anfang zurückschauen und eine Ahnung von seinem Ende bekommen. Denn das Ende hat immer mit dem Anfang zu tun.

3 Mein Körper, der Tyrann

Meine Freunde sind fort,
und grau ist mein Haar,
und es schmerzt genau dort,
wo ich einst spielte und war.
Leonard Cohen

„Zugspuren" im Gesicht

Haben Sie sich je eine alte Frau angeschaut und überlegt, wie sie wohl als junges Mädchen ausgesehen haben mag? In letzter Zeit mache ich das öfter. Das alte Gesicht mit seinen Furchen und Schatten, die wackeligen Beine, der gebrechliche Hals und die müden Augen sind mir fern und nah zugleich. „Eines Tages werde ich auch so aussehen", sage ich laut zu mir. Ich spüre den Worten nach, aber sie finden kein Echo in mir. Und ich stelle fest, dass ich diesen Gedanken nur widerwillig zu Ende denke. Ich schreibe diese Sätze in einem Café, wo ich von lauter älteren Damen umringt bin, die laut und ungezwungen miteinander plaudern. Die Damen am Nachbartisch ergehen sich lebhaft in einem Vergleich von Charles Boyer mit Jean Gabin. Ich freue mich, dass ich weiß, wen sie meinen. Vor kurzem sprach ich in Gegenwart meiner heranwachsenden Tochter von Spencer Tracy und erntete einen fragenden Blick: „Wer bitte?" Hier verkörpere nun ich die Jugend, und ich genieße den Augenblick. Die älteren Damen scheinen sich in dieser Umgebung gut zurechtzufinden. Ich sehe keine Ähnlichkeit mit den konturlosen Gestalten, die still und unbeweglich in der U-Bahn sitzen. Ich mache mir die Mühe, das Mädchen hinter ihren Gesichtern zu sehen, und merke, dass das gar nicht so schwer ist.

Wahrscheinlich schauen mich junge Frauen mit der gleichen Mischung aus Angst und Neugier an, wie ich die alten Damen betrachte. Während ich darüber phantasiere, wie es sich wohl anfühlt, in einem alten und verbrauchten Körper zu leben, sagt mir meine Vernunft, dass es genau so ist wie jetzt. Von innen gesehen sind die Veränderungen nicht so bemerkenswert. Sie sind vor allem von außen sichtbar. Wenn ich meinen Blick für eine Weile auf den alten Gesichtern ruhen lasse, ohne meinen Blick von Vorurteilen, Angst und verschiedenen anderen Klischees trüben zu lassen, entdecke ich, wie schön sie sind. „Am schönsten ist es, wenn Menschen in Würde alt werden. So wie alte Gitarren. Einen gebrauchten Körper und einen tiefen Klang – das nenne ich Schönheit", hat der Musiker Totte Wallin einmal in einem Interview gesagt. Leider schaffen wir es nicht immer, die Alten mit einem so milden Blick zu betrachten. Ich habe den Verdacht, dass es einfacher ist, die Schönheit eines alten Indianerhäuptlings oder einer hundertjährigen albanischen Bäuerin in einer Joghurtwerbung zu erkennen als die von Frau Schmidt im dritten Stockwerk. Diese kommt uns nämlich zu nahe und durchkreuzt mit ihrem bloßen Dasein den Mythos von unserer eigenen Unsterblichkeit. Wenden sich deshalb so viele Menschen von den Alten ab, als handelte es sich um ein gefährliches, fremdes Volk? Kinder betrachten die Alten nicht als Fremde. Sie nehmen uns alle so an, wie wir sind. „Großmutter, was hast du für schöne Zugspuren im Gesicht!", sagte ihr Enkelkind zu meiner Freundin und streichelte ihre Wange. Kleine Kinder und alte Leute haben eine Menge gemeinsam. „Manchmal schaut ein kleines Kind auf einen alten Menschen, und sie wechseln einen verstohlenen, viel sagenden Blick, als wären sie miteinander verschworen. Das liegt daran, dass derjenige, der – wie man so sagt – mitten im Leben steht, keinen von beiden als ganzen Menschen wahrnimmt", schreibt Margaret Laurence in ihrem Buch *Der steinerne Engel*. Kann es vielleicht sein, dass vieles von dem, was wir nicht sehen wollen – vielleicht vor allem Schwäche und Abhängigkeit –, bloßgelegt wird, wenn wir älteren Menschen begegnen? Eines der auffälligsten Zeichen zunehmenden Alters besteht darin, dass man sich in gewissen Zusammenhängen, wo Jugend und Schönheit den Vortritt haben, unsichtbar fühlt. Gestern setzte sich ein junger Mann in der U-Bahn fast auf meinen Schoß. Er war so vertieft in die Musik, die aus seinem Walkman direkt in seine Ohren strömte, dass er – ich meine das ganz aufrichtig – nicht wahrnahm, dass es nicht ein Kissen war, gegen das er sich lehnte, sondern ein Mensch. Es gibt jedoch keinen Schatten ohne Licht: Im Zustand der „Unsichtbarkeit" kann man tatsächlich viel Interessantes sehen und hören, das einem sonst verwehrt würde. Das ist immerhin ein kleiner Trost. Es kann zweifellos schwer sein, sich daran zu gewöhnen, dass man nicht gesehen wird, vor allem für diejenigen, für die es selbstverständlich war, bewundert und geschätzt zu werden. Dessen beraubt zu werden hat die gleiche Bedeutung, wie verlassen oder nicht geliebt zu werden, besonders, wenn man sich schwer tut, das Äußere vom Inneren zu trennen. Man darf den persönlichen Machtverlust nicht unterschätzen, den die Unsichtbarkeit beinhalten kann, auch wenn man es sich normalerweise nicht anmerken lässt.

Ich frage mich, wann man damit anfängt, sich selbst zu benoten. Diese Beurteilung setzt bei einigen schon sehr früh ein. Die eine meint, ihre Nase sei zu lang, die andere, ihr Hals zu kurz. Die eine hat zu kurze Beine, die andere zu gelbe Zähne, die eine zu große Brüste, die andere zu schlaffe Hüften. Die eine hat zu dünne Lippen, die andere zu hässliche Zehen. Bei einer Dritten ist das Haar zu dick, bei einer Vierten zu dünn. Immer gibt es etwas, worüber man klagen kann. Man kann fast jede Frau sehr leicht dazu bringen, all das aufzuzählen, was sie an sich nicht mag. Schwerer ist es, sie mit innerer Überzeugung davon berichten zu lassen, was sie an sich schön findet. Ich habe nicht viele Frauen getroffen, die mit ihrem Aussehen zufrieden sind. Wie das bei Männern ist, weiß ich nicht. Das Urteil der Frauen hat nicht viel mit der objektiven Wirklichkeit zu tun. Es gibt einige Untersuchungen, die zeigen, dass schöne Frauen genauso schonungslos in ihrer Selbstkritik sind wie weniger schöne Frauen. Es gibt also so gut wie keinen Zusammenhang zwischen dem Grad der Attraktivität, die Frauen von außen zugesprochen wird, und der Art, wie sie sich selbst erleben. Viele attraktive Frauen tun sich schwer damit, ihre Schönheit zu genießen. Stattdessen vergleichen sie sich zu ihrem Nachteil mit den wenigen ganz besonders schönen Frauen. Unter Teenagern ist unbarmherzige Selbstkritik eine Selbstverständlichkeit; das Schlimmste geht jedoch meist vorbei, wenn sie verstanden haben, dass die Idealbilder nun mal Idealbilder bleiben. Die meisten von uns sind weder bemerkenswert hässlicher noch schöner als die anderen. Und wer das gegen jede Erwartung zufällig ist, muss lernen, damit umzugehen. Bei den meisten lässt diese Fixierung auf das Aussehen schließlich nach. Leider zeigt sich jedoch häufig, dass sie nur ruht, ehe sie später im Leben, wenn man sein alterndes Gesicht im Spiegel sieht, mit neuer Stärke wieder aufflammt. Diejenigen, die sich früher nicht darum gekümmert haben, wie sie aussehen, können im dritten Alter ihrem Aussehen großes Gewicht beimessen und sogar in eine Art Trauer verfallen.

Frauen besitzen heute mehr Anerkennung, Geld, Macht, Privilegien und soziales Prestige als jemals zuvor. Trotzdem haben viele von uns ein viel schlechteres Verhältnis zu ihrem Körper als unsere unemanzipierten Großmütter. Der Körper wird von der Welt und im Verhältnis zu den anderen geformt. In unserer Auffassung vom Körper spiegelt sich die Welt. Unser geltendes Schönheitsideal gebietet uns, glatt und schlank zu sein. Die besten Voraussetzungen, dies zu erfüllen, sind in der Jugend gegeben. Würden ausreichend viele ältere Frauen damit aufhören, sich hässlich und minderwertig zu fühlen, würde der am schnellsten wachsenden Zweig der Medizin, die Schönheitschirurgie, rasch untergehen. Eine ganze Branche lebt von unserer Angst, alt auszusehen, und lauert darauf, dass wir jede einzelne kleine Falte und jeden Tränensack bemerken. Die Frauen sind dabei nicht die Einzigen, denen es vor dem körperlichen Verfall graut. Auch Männer können von Angst befallen werden, wenn sie in den Spiegel schauen. Es gibt nur wenige, die sich von der Forderung nach Schönheit ganz befreien können. Als Eleanor Roosevelt, die Ehefrau des amerikanischen Präsidenten, älter wurde, stellte man ihr einmal die Frage, ob es in ihrem Leben etwas gebe, das sie gerne anders gehabt hätte. Die Antwort kam blitzschnell: „Ja, ich wäre gerne schöner gewesen!"

Kürzlich haben mir zwei Frauen – beide knapp über fünfzig – ihre Angst anvertraut, sich mit ihrem Aussehen abzufinden. Die Erste, weil sie nie schön war, und die andere, weil sie dabei ist, ihre ursprüngliche Schönheit zu verlieren. Diejenige, die sich daran gewöhnt hat, durch ihre Schönheit Bestätigung zu erfahren, hat an den Umstellungen, die das Alter mit sich bringt, am schwersten zu tragen. War das Aussehen eine wichtige Quelle der Selbstbestätigung, kann es schrecklich sein, wenn diese zu versiegen beginnt. „Männer sterben ein-, Frauen zweimal", behauptet Naomi Wolf schonungslos und meint damit, dass, bevor ihre Körper sterben, die Schönheit der Frauen stirbt. Zu hören, dass die Schönheit von innen kommt, hilft überhaupt nicht an Tagen, an denen einen der Altersblues gepackt hat.

Kriegserklärung an den Körper

Auf der ganzen Welt gibt es Wissenschaftler, die mit Hilfe von DNA-Technik, Antioxidantien und Vitaminpräparaten, neuen Hormonen und Enzymen ihr Äußerstes tun, um das Rätsel des Alterns zu verstehen und die Uhr des Älterwerdens zurückzudrehen. Heutzutage werden Menschen – vor allem Frauen – früher von der Angst vor dem Älterwerden befallen. Eine Art Altersterror findet statt und errichtet Mauern zwischen Jung und Alt. Die Anzahl der Schönheitsoperationen hat in letzter Zeit zugenommen, und die Tendenz ist sowohl in den USA als auch in Europa immer noch steigend. Wie nie zuvor rüsten wir auf im Krieg gegen den unausweichlichen Lauf der Natur. Während wir die Oberfläche pflegen, verkümmert der innere Mensch. Vor allem die Liposkulptur („lipos" heißt auf griechisch „Fett") ist im Vormarsch. Eine Annonce lautet: „Heutzutage gibt es eine moderne und schonende Methode des Fettabsaugens. Die Liposkulptur formt die Konturen Ihres Körpers immer wieder neu." Der Eingriff wird als Handwerksarbeit bezeichnet, die Behandlung in der Klinik durchgeführt. Nach nur wenigen Stunden ist man mit seinem neuen Körper wieder zu Hause. Auf der Rückseite der Visitenkarte eines Schönheitschirurgen steht: „Brustoperationen, Vergrößerung, Verkleinerung, Lifting. Hüftplastik, Bauchplastik, Fettabsaugen, Aderkorrekturen, Laserbehandlung von Falten, Lippenoperationen, Nasenplastik, Stirnhebungen, Operationen von abstehenden Ohren, Augenplastik, Abtragen von überschüssiger Haut, Falten und Tränensäcken. Lassen Sie sich einen Termin geben! Die Finanzierung lässt sich regeln!" Es stellt sich die Frage: Wo ist hier die Grenze? Der letzte Schrei der Schönheitschirurgie sind Vaginaloperationen, die so genannte Intimchirurgie. Mit einer Technik, die Labioplastie heißt, werden die Schamlippen in Form gebracht, damit sie hübscher aussehen. Nun gibt es also auch für unsere Geschlechtsteile ein ideales Aussehen. Älter zu werden ist eine Schande und ein Unglück. Diejenigen, die nicht alles in ihrer Macht Stehende tun, damit sie ihren jugendlichen Glanz bis zuletzt bewahren, sollten sich schämen!

Obwohl die Klagen parallel zu den Schönheitsoperationen stetig zugenommen haben, hört man äußerst selten, was passiert, wenn der Eingriff misslingt. Die Krankenkassen hingegen verzeichnen immer mehr Fälle, in denen „korrigierende" Operationen ein tragisches Nachspiel haben. Diese Kehrseite wird kaum beachtet. Ein besonderes Vokabular erweckt die Illusion, das Ganze sei schmerzfrei und alltäglich. Im Englischen spricht man von einem „tummy tuck", so als ließe sich der Eingriff mit einer Saumänderung oder einer kleinen Nahtkorrektur an einer Bluse vergleichen. In Annoncen oder Broschüren steht höchstens, dass man „ein gewisses Unbehagen empfinden" könnte oder dass „unter Umständen kleine Blutergüsse und leichte Schwellungen möglich" seien. Die ganze Prozedur erscheint so harmlos und einfach wie nur möglich. Schmerz und Leiden werden trivialisiert oder ganz verschwiegen. Man sieht Bilder mit „vorher“ und „nachher“, bekommt aber keine richtige Vorstellung von dem, was in der Zeit dazwischen geschieht. Alles ist herrlich und das Gelingen vorprogrammiert. Aber wie jede andere Chirurgie ist auch die Schönheitschirurgie schmerzhaft und mit ebenso vielen Risiken verbunden. Sicherlich kann sie eine gute Lösung für bestimmte Probleme darstellen: dicke Tränensäcke unter den Augen, Lider, die die Sicht beeinträchtigen, eine Menge loser Haut unter dem Kinn, ein Bauch, der wie eine riesige Kugel aussieht, können manchen Menschen großen Kummer bereiten. Leider ist es aber so, dass man, nachdem man Maßnahmen gegen einige „Fehler“ ergriffen hat, weitere Dinge entdeckt, mit denen man unzufrieden ist, also noch mehr Gründe, um zum Skalpell zu greifen. Man befindet sich mitten auf einem verhängnisvollen Weg.

Die schwedische Königin – die hierzulande für viele ein Vorbild ist – hat sich einer Schönheitsoperation unterzogen und damit signalisiert, dass sie nicht auf normale Weise alt werden möchte. Ich habe kein gutes Gefühl dabei, dass eine so schöne, beliebte, berühmte und reiche Frau zu solchen Maßnahmen greift. Sicher verrät dies etwas über sie selbst, aber vielleicht ebenso viel über unser Bedürfnis nach einem makellosen Ideal. „Was soll man davon halten, dass die Frau, deren Gesicht das Königreich Schweden am meisten repräsentiert und die anerkanntermaßen schön ist, gegen die Zeit protestiert und an sich herumschnippeln lässt?“, fragt Annika Nordin in einem Artikel der Zeitschrift *Konstnären*. Eine schöne Frau, die nicht ihren Job oder ihre Stellung verlieren kann, fühlt sich offensichtlich gezwungen, ihr Gesicht zu verjüngen. Warum bloß? Aus welchem Grund? Ist es der Wunsch, das Leben unter Kontrolle zu halten, oder die Angst, ihren besonderen Status zu verlieren?

Die Spuren des Alters werden zu „Missbildungen“, die durch verschiedene Eingriffe korrigiert werden können. Der Prozess des Alterns bekommt den Anschein einer Krankheit. Wir lassen lebendiges Fleisch wegschneiden, das wir für wertlos halten. Die ganze Zeit bieten sich uns neue Möglichkeiten, mit unserem Aussehen und letztlich mit uns selbst zufriedener zu sein. Genauso wie die Einrichtungs- oder Modeindustrie lebt auch die Schönheitschirurgie davon, dass sie Bedürfnisse weckt. Wir sollen mit dem, was wir haben, nicht lange zufrieden sein. In regelmäßigen Abständen soll das Alte ausrangiert werden, um für das Neue Platz zu machen. Sind wir erst auf dieses Karussell aufgesprungen, können wir uns mit dem Gedanken trösten, dass wir uns wenigstens für den Augenblick mit uns anfreunden können. Wir gönnen uns eine Fettabsaugung, eine Vitaminkur, einen Workout-Kurs, ein Luxushaus in Helsinki, ein tolles Kleid, eine teure Nachtcreme, eine Gesichtsbehandlung; ganz gleich, was es ist – Hauptsache, wir fühlen uns nicht mehr hässlich und verbraucht. Die Kosmetikhersteller sind diejenigen, die den größten Nutzen davon tragen. Naomi Wolfs Beschreibung, wie man sich fühlen kann, wenn man in die Parfumabteilung eines größeren Kaufhauses kommt, kam mir aus eigener Anschauung bekannt vor, und ich musste laut auflachen, als ich sie las: „Eine Frau betritt ein Kaufhaus. Sie sieht sicher schrecklich aus, mit zerzausten Haaren und ungeschminktem Gesicht. Um zur Kosmetiktheke zu gelangen, muss sie an einem absichtlich desorientierenden Prisma von Spiegeln, Licht und Düften vorbei … Auf beiden Seiten hängen reihenweise Engelbilder … die ‚vollkommenen' Modelgesichter. Hinter ihnen, auf der anderen Seite eines kaum bemerkbaren, von unten beleuchteten Ladentischs, wo die Magie hergerichtet ist, die sie zu dem letzten Schritt bewegt, steht der Schutzengel. Die Verkäuferin ist ein Mensch, das weiß sie, aber ‚vollkommen' wie die Engel um sie herum. Die Frau erkennt unter ihnen ihr eigenes ‚defektes' Gesicht, widergespiegelt und isoliert. Sie hat in dem künstlichen Himmel des Kaufhauses ihre Fassung verloren und kann sich nicht erklären, was sowohl die lebenden Engel als auch die auf den Bildern gleich ‚vollkommen' aussehen lässt: dass sie nämlich alle dick mit Farbe lackiert sind. Der Lack hat wenig

Verbindung zur Umwelt ... Aber die tödliche Welt löst sich in ihrer Erinnerung auf vor der Scham, sich so alltäglich und trist zu fühlen zwischen all diesen ätherischen Dingen. Sie sehnt sich danach, den Schritt zu ihnen zu wagen."

Darf ich bitte älter werden?

Warum lassen wir uns auf all das ein? Immer wieder lassen wir uns täuschen, obwohl wir wissen, dass Schönheit und Ausstrahlung ihren Sitz nicht im Gesicht haben. Das wissen wir u. a. von Menschen, die darüber berichten, wie es ist, wenn man sein Gesicht verliert und die eigene Identität in einem Brandunfall aufs Spiel gesetzt wird. Zum Beispiel von James Partridge, der in dem Buch *Changing faces* davon berichtet, wie er bei einem Autounglück mit dem Leben davonkam, seither aber ein Gesicht hat, das seiner eigenen Aussage zufolge „die Kassiererin dazu veranlasst, den Blick abzuwenden, und Kinder zum Lachen bringt". Er erzählt von langen, dunklen Zeiten der Verzweiflung und von nicht enden wollenden Schönheitsoperationen. Als er schließlich einsah, dass er sein altes Gesicht nicht wiederbekommen würde, begann er, sein Verhalten anderen gegenüber zu beobachten, und konnte bald ein Muster erkennen: War er passiv, blieb er allein, denn so gut wie niemand wollte seinem Blick begegnen. Wenn er jedoch selbst Kontakt aufnahm, Neugier und Selbstvertrauen zeigte, dauerte es nicht lange, bis die anderen den Menschen hinter der Maske wahrnahmen.

Schaut man genauer auf die Bilder von Frauen, die allgemein als Vertreterinnen des kulturell akzeptierten Schönheitsideals betrachtet werden, sieht man, dass sich dieses Ideal in den letzten Jahrzehnten verändert hat. In den sechziger Jahren wurden für eine erwachsene Frau Kleidergröße 42 und 65 bis 70 kg als richtig betrachtet. Nun liegt das Idealgewicht bei 50 kg. Während immer mehr Menschen in unserer Gesellschaft an Gewicht zunehmen, strengen sich immer mehr andere an, richtig schlank zu werden. Das Ergebnis ist ein unerreichbares Schönheitsideal sowie unzufriedene Menschen, die ihrem Körper, der eigentlich ihr Gefährte sein sollte, feindlich gegenüber stehen.

Der Körper sollte widerspiegeln, was wir in unserem Inneren als unsere Identität erleben. Im schlimmsten Falle ist er aber ein Feind, hat keine Energie und Ausdauer oder stellt etwas dar, was dem „Ich“ in unserem Inneren nicht entspricht. Eine ganze Industrie ist entstanden, die im Dienste der Körperverwandlung steht.

In anderen Teilen der Welt geschieht diese Verwandlung ohne professionelle Begleitung. Wie zum Beispiel in Brasilien. Dort injizieren sich Transvestiten, die sich prostituieren, mit grobschlächtigen Spritzen illegal erstandenes Silikon, um – wie es das Schönheitsideal will – runde Knie, Hüften und Hintern zu bekommen. Die Geschichte liefert viele Beispiele für die schmerzhafte Verwandlung des Körpers im Dienste der Schönheit: die abgeschnürten Füße der Chinesinnen oder das Bleichen der Haut mit Hilfe von Chemikalien bei Menschen dunkler Hautfarbe. Schauen wir auf unsere eigene Geschichte, sagt Åkesson, können uns die bürgerlichen Damen in ihren eng geschnürten Korsetts albern erscheinen. Wie einfach ist es, aus großem historischen oder geographischen Abstand das Bizarre daran zu sehen! Diese Gewalt gegen den Körper fassen wir als unnatürlich und verwerflich auf, während wir die Augen verschließen vor dem, was in unserer nächsten Nähe geschieht. Junge Körper waren immer wertvoll. In fast allen Kulturen und Zeiten hat es Varianten des Traums von ewiger Jugend gegeben. Der Unterschied zu jenen Zeiten liegt darin, dass der Körper damals mehr aus einer Arbeits- als aus einer Schönheitsperspektive betrachtet wurde und hauptsächlich für Arbeitskraft und Reproduktion stand, schreibt Karin Johansson in der oben erwähnten Artikelserie. Später im Leben kompensierte man den Verlust des jugendlichen Körpers mit dem Status, den Alter und Weisheit verliehen. Dies ist heute nicht mehr der Fall. Die Psychologin Marta Cullberg Weston macht in ihrem

Buch *Der Übergang (Övergången)* den Vorschlag, dass man sich – als Gegengewicht zur Idealisierung der Jugend, die es schwer macht, die guten Seiten des Älterwerdens zu sehen – fragen solle, ob man seine Weisheit und Lebenserfahrung wirklich gegen ein jugendliches Aussehen eintauschen möchte. Es versteht sich von selbst: Die meisten wollen beides haben.

In unserer ich- und leistungsorientierten Gesellschaft beurteilen wir einen Menschen nach dem Alter seines Körpers und nach seinem Aussehen. In einer Gesellschaft, in der die Familie und andere Gruppen mehr bedeuten, geschieht die Bewertung durch zwischenmenschliche Beziehungen und verschiedene Hierarchien; dort wird man als Mensch nicht nach dem Alter seines Körpers, sondern nach seiner Stellung im Verhältnis zu anderen eingeschätzt. Das so genannte „mittlere Alter" ist dort ein unbekannter Begriff. In der oben erwähnten Artikelserie vergleicht Annick Sjögren diese Gesellschaftsordnung mit einer Pyramide, in der die sozialen Beziehungen eine ganz konkrete Wirklichkeit darstellen. Ganz oben an der Spitze stehen die Großeltern, darunter die Väter und Mütter und ganz unten die kleinen Kinder, insbesondere die Mädchen.

Bei uns steht der Körper im Mittelpunkt, und physische Gesundheit ist beinahe eine Religion. Wir haben meistens keine Chance, uns damit bekannt zu machen, wie ein älterer Körper aus der Nähe aussieht, und wir haben Angst vor dem, was wir nicht gewohnt sind – und ekeln uns vielleicht davor. Jede These birgt jedoch immer schon ihren Gegensatz in sich, und es gibt bereits Anzeichen dafür, dass man des künstlichen Jugendideals bald überdrüssig sein könnte. Die Menschen im dritten Alter machen ein riesiges Potential aus, das sich die Werbebranche schnell zu Nutze machen kann. Im Jahr 1999 gab es in Schweden mehr 55- bis 59-Jährige als 20- bis 24-Jährige. Die Frauen im mittleren Alter stellen eine Gruppe dar, die Geld, Interesse und das Gespür für Qualität besitzt. Frauen über vierzig tätigen ein Drittel aller Bekleidungseinkäufe in Schweden, während die Gruppe, die in der Werbung bisher am meisten vertreten ist (die 13- bis 29-Jährigen), nur dreizehn Prozent davon ausmacht. Die Nachrichtenagentur Reuters berichtete im November 1997, dass die britischen Unternehmen zu verstehen beginnen, dass achtzig Prozent des Vermögens in den Händen von über 50-Jährigen liegen und dass Menschen in diesem Alter noch andere Interessen haben außer Garten, Essen und Rentenversicherungen. Heutzutage richten sich weniger als zehn Prozent der Werbung an diese Gruppe, eine Änderung ist jedoch abzusehen, sobald die erste „Teenager-Generation" ins dritte Alter kommt. Was vor kurzem noch „Oma-Alter" genannt wurde, beginnt jetzt für den Markt interessant zu werden. So genannte „Grumpies" (Grown-up Mature Professionals) sind die Kategorie, auf die die Werbefirmen heutzutage setzen. Das soll heißen: Das mittlere Alter wird zum Mainstream. Immer öfter werden Models in den mittleren Jahren eingesetzt. Beispielsweise in einem Spot für Nike-Sportschuhe mit dem Slogan: „Menschen, die vergessen, sich zurückzuziehen, und niemals alt werden". Und: „Es ist einfacher weiterzulaufen, wenn man nie damit aufgehört hat." In meinen Ohren schrillen die Alarmglocken. Dahinter versteckt sich die Botschaft: Man darf niemals alt werden. Es erhebt sich die Frage, ob die alten Stereotype nicht gerade von neuen und nicht minder fragwürdigen Vorstellungen ersetzt werden. Heute begegnet man immer mehr Bildern von alten Menschen, die engagiert Aktivitäten nachgehen, die bislang den Jungen vorbehalten waren. Bilder von alten Menschen, die immer populärer werden, zeigen diese auf einer Safari oder beim Bergsteigen; ohne jede Anstrengung springen sie in Schwimmbecken von olympischen Ausmaßen, laufen Marathon, bestehen Universitätsexamina, lernen Suaheli und legen jeden Morgen sorgfältig Make-up auf. Zuerst wirkten diese Bilder erfrischend und befreiend, aber irgendetwas stimmt daran nicht. Die neue Art, alte Menschen zu zeigen, besteht darin, ihre Ähnlichkeit mit der Jugend hervorzuheben. Alten Menschen wird gehuldigt, weil sie aussehen und sich verhalten wie Jugendliche. In gewisser Weise ist dieses neue Stereotyp von den „jungen Alten" noch tyrannischer als das von den „alten Alten" früher. Diese Art zu denken kann es noch schwerer machen, dem eigenen Älterwerden als einem natürlichen Teil seines Lebens zu begegnen und es zu genießen, das Tempo auf die Hälfte herunterzufahren, es zu wagen, gemächlich zu leben, und sich endlich um etwas anderes zu kümmern als um seine Leistung.

Bin ich das im Spiegel?

Im ersten Teil seines Gedichts *Elegie auf die alte Mexikanerin und ihr totes Kind* schreibt Lars Gustafsson:

> Täusche ich mich –
> oder ist die Luft hier dünner?
>
> Könnte auch hier, unter diesem Himmelsstrich,
> eine Schwalbe Halt finden mit ihrem Flügel?
>
> Im Badezimmerspiegel zeigt sich schon
> der exzentrische alte Mann,
>
> der allmählich im Begriff ist,
> sich aus meinem Gesicht zu schälen;
>
> drahtig, sonnverbrannt, faltenreich,
> mit immer kälteren blauen Augen,
>
> der letzte von den Männern, welche in mir stecken,
> noch nicht ganz fertig, doch schon angedeutet.
>
> Gern würde ich mich an das Kind erinnern, das einst
> genau dort aus dem Spiegel geblickt hat,

pausbäckig, blond und stillvergnügt,
gestützt auf seine kleinen runden Ellenbogen.

Wie können wir, so viele Männer,
in demselben Körper wohnen?

Eines der Probleme beim Älterwerden besteht darin, dass man sich tief in seinem Inneren hartnäckig jung fühlt. Doch irgendwann zwischen fünfzig und sechzig beginnt sich auch bei den Gesündesten unter uns der Körper bemerkbar zu machen. Starre Gliedmaßen, ein unbehagliches Gefühl, wenn man ein bestimmtes Gericht gegessen hat, Krämpfe in den Beinen, wenn man morgens aufsteht, geschwollene Hände und Füße, trockene Augen, diffuse Muskelschmerzen, ungewöhnliche Müdigkeit nach einer Anstrengung, Schwankungen zwischen Schwäche und Energie, so als würde der Körper fordern, dass man immer mal wieder sein Tempo reduziert und sich um ihn kümmert. Zeitweilig tut das Älterwerden weh. Die Veränderungen kommen nicht über Nacht – auch wenn das gelegentlich so aussieht. Sie schleichen sich leise in unser Leben, bis wir eines Tages feststellen müssen, dass wir nicht mehr die gleiche Kraft haben wie früher, dass die Augenlider über die Augen hängen, dass wir Orangenhaut am Hals haben, Leberflecke auf den Händen oder tiefe Falten um den Mund. Oder dass wir wegen der Knoten, die auf einmal an den Fingern auftauchen, unsere Ringe kaum noch überstreifen können. Tausende klitzekleiner Verschlechterungen, die zu einem veränderten Selbstbild führen. Ich erinnere mich noch genau an den Tag, als ich mich im Spiegel sah und mir schwor, dass ich mich nie wieder freiwillig im Badeanzug zeigen würde. Gestern hatte ich doch noch nicht so ausgesehen!? Mein Körper muss lange gebraucht haben, um sich zu verändern, ich aber hatte das Gefühl, das sei über Nacht passiert. „Der körperliche Alterungsprozess vollzieht sich schleichend. Alt wird man nicht einfach plötzlich – peng! – über Nacht. Faktisch beginnt der körperliche

Abbau schon ab Mitte zwanzig. Zuerst nimmt die Ausdauer ab. Und ich muss sagen: Das überrascht einen wirklich. In gewisser Weise verhält es sich mit dem Altern wie mit einer Blume, die ihre ersten Blütenblätter hängen lässt. Dann beginnen sich die Blätter zu verändern, bis die Blume einfach dahinwelkt." Das sagte der berühmte Tänzer Mikhail Barischnikow einmal in einem Interview. Meiner Erfahrung nach tauchen genau dann neue und schmerzhafte Spuren des Alters auf, wenn man sich gerade mit den letzten Veränderungen abgefunden und sie vielleicht sogar zu mögen begonnen hat.

Unseren Freunden gegenüber sind wir viel großzügiger als uns selbst gegenüber. Wenn meine Freundinnen über ihr Doppelkinn oder ihren faltigen Hals klagen, kann ich ihnen aufrichtig versichern, dass das keinem sonst auffallen würde. Natürlich sagt man nicht immer, was man denkt. Wer hat noch nicht alte Schulfreunde getroffen und sich darüber gewundert, wie alt sie aussehen? Zwischendurch schaut man im Umkleideraum oder am Strand verstohlen zu seinen Altersgenossinnen hinüber und vergleicht sich mit ihnen. Wie kommt *sie* mit der dahinschreitenden Zeit zurecht? Hat *sie* sich besser gehalten als ich? Ob *ihre* Haut wohl genauso schrumpelig ist wie meine? Hat *sie* Cellulitis? Hat *sie* Hängebrüste? Ist *ihr* Haar dünner geworden? Hat *sie* einen Bauch? Sieht man die Adern an *ihren* Beinen? Tritt *sie* ihrem Alter auf eine mutigere und reifere Art entgegen als ich? Ich schäme mich, dass ich diese Dinge hier aufschreibe, und würde den ganzen Abschnitt am liebsten wieder streichen. Es fällt mir nicht leicht zuzugeben, das ich mich der Tyrannei des Äußeren unterwerfe. Was werden die Leute von mir denken, wenn sie erfahren, dass ich mich um so etwas kümmere? Eine Frau sollte doch stolz auf sich sein und ein ruhiges und reifes Selbstbewusstsein ausstrahlen! Gerade wenn sie Psychotherapeutin ist – oder etwa nicht? Ich tröste mich mit dem Gedanken, dass ich wohl kaum die Einzige bin, die zwischendurch von der Trauer darüber befallen wird, nicht mehr begehrenswert zu sein. Ich glaube nicht, dass alle Frauen solche Probleme haben, aber sicher ausreichend viele, dass es sich lohnt, darüber zu sprechen.

Der alternde Körper stellt eine narzisstische Kränkung dar, die bisweilen als gewaltsamer Angriff auf das Bild des Menschen von sich selbst erlebt wird. Der Vorgang beginnt mitten im Leben. Diejenigen, die viel Wert auf ihr Äußeres gelegt haben, können sich leer und erniedrigt fühlen, wenn dieses seine Anziehungskraft verliert. Wie Ann Orbach meint, muss sich der alternde Mensch daran gewöhnen, über seinen eigenen Körper nicht mehr entzückt zu sein. Nun soll der innere Mensch entwickelt und wertgeschätzt werden. Dies geschieht aber erst dann, wenn man es geschafft hat, sich ein realistisches Bild von seinem alternden Körper zu machen. Wenn sich das kleine Kind im Spiegel anschaut, sieht es jemanden, der eine absolute Einheit bildet, d. h. es sieht ein unrealistisches Idealbild und verliebt sich in seinen Körper. In Wahrheit ist der Körper des Kindes in höchstem Maße unbeholfen und unkoordiniert. Wenn sich der alternde Mensch im Spiegel anschaut, geschieht das Gegenteil davon. Nun ist es die äußere Wirklichkeit, die zerfällt, und dem einheitlichen und zusammenhängenden inneren Bild, das man von sich selbst hat, nicht entspricht. Damit der Mensch nun ganz erwachsen werden kann, meint Orbach, muss er sich angesichts dieses Bildes von seinem Körper „entlieben“. Ich finde diese Meinung fragwürdig. Wäre es nicht passender, wenn unsere Aufgabe stattdessen darin bestünde, uns in unsere alternden Körper zu „verlieben“, nun jedoch mit einer reifen, realistischen und bejahenden Liebe? Ich jedenfalls würde das gerne tun.

„Ich trage in mir meine früheren Gesichter wie ein Baum seine Jahresringe. Das ist die Summe dessen, was mein ‚Ich‘ ist. Der Spiegel sieht nur mein allerletztes Gesicht, ich spüre all meine vergangenen“, schreibt Tomas Tranströmer in *Wie mich die Erinnerung sieht (Minnena ser mig)*. Viele tragen im dritten Alter immer noch ihr Jugendbild mit sich herum, und alle scheinen sich schwer damit zu tun, ihrem Alter entsprechende Bilder von sich zu entwerfen. Mit vierzig oder sechzig haben wir ein Bild von uns selbst, als hätten wir gerade erst die Schule abgeschlossen, sagt die Künstlerin Marianne Lindberg de Geer, die vielen Menschen die Aufgabe stellte, ein Selbstporträt anzufertigen. Sie wunderte sich sehr darüber, wie viel vom Aussehen des Kindes noch im Selbstbild des Erwachsenen vorhanden ist. So wie der Körper mit den Jahren erschlafft, so erschlaffen auch die Gesichtszüge, sagt sie, und wir bekommen Falten und Augenringe. Wenn wir jedoch ein Bild von uns zeichnen, gleichen wir das alles aus und schaffen eine Symmetrie, die das wirkliche Gesicht nicht besitzt.

Es muss sich sicher eigenartig anfühlen, dem alternden Menschen im Spiegel zu begegnen, wenn man sich innerlich noch jung fühlt. In ihrem Roman *Und wieder die Liebe*, in dem sich eine sechzigjährige Frau in einen jüngeren Mann verliebt, schreibt Doris Lessing von einer ihrer Figuren: „Sarah betrachtete sich im Spiegel ... Bei dieser Krankheit gibt es zwei Phasen. Die erste beginnt, wenn sich eine Frau ansieht, genauer ansieht: die Schulter, das Handgelenk, den Arm. Die zweite setzt ein, wenn sie sich zwingt, sich vor einen unbestechlichen Spiegel zu stellen, kühl und unerbittlich die alternde Frau zu betrachten, sich zwingt, wieder und wieder vor den Spiegel zurückzukehren, weil sich die Person, die das tut, sonst (wenn sie nicht vor dem Spiegel steht) ganz genauso empfindet wie mit zwanzig, dreißig oder vierzig. Sarah ist wirklich genau derselbe Mensch wie das Mädchen und die junge Frau, die in den Spiegel geblickt und ihre Reize aufgezählt hat. Sie muss sich ein für allemal klar machen, dass das, was sie da sieht, die Realität ist. Nicht das, woran ich mich erinnere, sondern das, was ich sehe – das bin ich. Genau das." Verwunderung, Erschrecken, Verachtung! Es muss viel passieren, ehe wir unser Alter wahrnehmen. Trotzdem dürfen wir das, was wir sehen, nicht verdrängen. Nur wenn wir uns mit den körperlichen Veränderungen und dem Einzug des Alters versöhnen, schaffen wir es, mit unserer eigenen Entwicklung Schritt zu halten, mit unserem Spiegelbild eins zu werden und die vielen Möglichkeiten, die sich uns nun eröffnen, zu erkennen. Auf dem Weg zu einem neuen und anderen Selbstbild schwanken wir zwischen sich widersprechenden Gefühlen. Panik, Angst und Verleugnung werden unaufhörlich von ihren Gegensätzen abgelöst. Allmählich nähern wir uns dem Punkt, der wirklich schwer zu erreichen ist, an dem unsere Toleranz, unsere Selbstannahme und unsere Stärke zunehmen. Der Weg dorthin ist jedoch gewunden. Denn schlimmer noch, als seine Jugend zu verlieren, ist die Angst davor. Da bin ich mir ganz sicher.

Zeit, älter zu werden

Es ist wichtig, wirklich an uns zu arbeiten und unser Älterwerden anzunehmen. Sonst riskieren wir, dass das Älterwerden unser Leben bestimmt. Ein guter Freund von mir, der mit einer schweren Krankheit kämpft, sagte einmal: „Weg mit der Eitelkeit, her mit der Vernunft!" Wir müssen lernen, uns mit unserem müden Körper und seiner Lebensgeschichte anzufreunden. All das, was wir erlebt haben, die guten und die schlechten Entscheidungen, die wir getroffen haben, all die Beziehungen, die wir hatten, haben auch im Körper ihre Spuren hinterlassen. Alles hängt zusammen. Ein Mensch kann aus verschiedenen Blickwinkeln beschrieben werden. Aus dem *physischen* (das, woraus wir bestehen: Fleisch, Blut, Knochen usw.), aus dem *physiologischen* (die Lebensprozesse, die die Nahrung umsetzen, neue Zellen schaffen usw.), aus dem *psychologischen* (der mit Gefühlen, mit dem Intellekt, mit Beziehungen, Phantasie und dem Unterbewussten zu tun hat) und dem *existenziellen* Aspekt (der mit Reflexion und dem Selbstbewusstsein zu tun hat und u. a. dafür zuständig ist, dass man Musik und Schönheit genießen kann, kreativ ist, Fragen über den Sinn des Lebens stellt usw.). Wenn man es nicht schafft, sich als ganze Person zu erleben, besteht das Risiko, dass man im dritten Alter in Verzweiflung, Depression, Rachsucht, Bitterkeit und chronische Angst vor Alter und Tod verfällt. Wahrscheinlich ist es eben dieses befriedigende Gefühl persönlicher Ganzheit sowie die Tatsache, dass man das Einzigartige an sich schätzen kann, das viel von dem, was der Alterungsprozess mit sich bringt, lindern kann. Frauen, die es geschafft haben, ihren älter werdenden Körper und ihr verändertes Aussehen zu mögen, weisen ein bedeutend stärkeres Selbstvertrauen auf als diejenigen, die weiter auf ihr Aussehen fixiert bleiben. In dem Buch *Botschaften des Körpers* schreibt Ron Kurtz: „Für denjenigen, der sehen und verstehen kann, spricht der Körper eine deutliche Sprache. Er verrät den Charakter eines Menschen und seine Art, in der Welt zu sein. Er deckt frühere Traumata und die gegenwärtige Persönlichkeit sowie ausgesprochene und unausgesprochene Gefühle auf ... Jede Veränderung umfasst in letzter Konsequenz immer auch den Körper. Eine neue Einstellung bedeutet neue Sinneseindrücke und neue Muskelmuster. Die psychologische Veränderung geht Hand in Hand mit der physiologischen Veränderung ... Um frei zu werden, müssen wir unsere Körper befreien." Das sichere Gefühl, dass man in seinem Körper in aller Ruhe leben und der sein kann, der man ist – und nicht der, von dem man meint, man müsse er sein –, führt bei uns Frauen in vielen Fällen zu einer neuen Ehrlichkeit. In der Welt der Mythen und Sagen ist die alte Frau oft eine Wahr-Sagerin.

Man sollte sich natürlich davor hüten, das Alter zu einem Problem an sich zu machen, denn das muss es überhaupt nicht sein. Ich erinnere mich an die Geschichte von dem Mann, der zum Arzt ging, weil er Schmerzen im Knie hatte, wenn er zum Tanzen ausging. Als der Arzt nach seinem Alter fragte, antwortete er: „Dreiundneunzig." „Na dann", sagte der Arzt, „nimmt sich das Alter wohl einfach sein Recht. Was wollen Sie mehr?!" „Dann können Sie mir aber vielleicht eins erklären", sagte der Mann. „Ich habe zwei Knie, und sie sind beide gleich alt. Wie kommt es denn, dass mir nur das eine wehtut?"

Wenn das Leben ruhig verläuft, brauchen wir uns nicht allzu viele Gedanken darüber zu machen, wie es uns geht. Dann und wann geschieht jedoch etwas, das uns auf die Signale unseres Körpers aufmerksam werden lässt. Bei mir passierte dies, als ich erfuhr, dass ich Krebs hatte. Seitdem war nichts mehr wie früher, vor allem nicht meine Einstellung zu meinem Körper. Mein Blick auf das Leben veränderte sich nicht über Nacht, aber jetzt, fünf Jahre später, sehe ich deutlich, wie die Nachricht vom Krebs für mich einen Wendepunkt darstellte. Nach dem Ende der Behandlung begann ich, viel gesünder zu leben. Nun esse ich gesünder, bewege mich, tue, was ich kann, um Stress zu vermeiden, nehme täglich eine bestimmte Menge Vitamine zu mir und habe mir selbst hoch und heilig versprochen, mit meiner Zeit und meiner Kraft besser zu haushalten. Gerade noch rechtzeitig habe ich eine Selbstprüfung gemacht, die schon längst fällig war. Ich hatte die Gelegenheit, darüber nachzudenken, wozu ich mein Leben verwenden möchte, und entdeckte, dass es durchaus möglich ist, zu ganz vielem nein zu sagen. Nach einer gewissen Zeit der Übung kann ich nun ganz ausgezeichnet Einladungen, Aufträge oder anderes ausschlagen, was meiner Meinung nach mehr von meiner Kraft beanspruchen würde, als ich mir leisten kann. Die Kernfrage ist für mich nun nicht, ob ich das, was von mir verlangt wird, tun *könnte*, sondern ob ich das tun *will*. Die Welt geht nicht davon unter, dass ich etwas ablehne. So wichtig bin ich nicht und auch nicht so abhängig davon zu hören, wie tüchtig ich bin. Dafür setze ich mich umso engagierter für das ein, was ich zusage.

Als ich las, was C. G. Jung als alter Mann einer ambitionierten und sehr beschäftigten Photographin schrieb, hatte ich das Gefühl, dass seine Worte auch mich betrafen: „Wenn man älter geworden ist, muss man versuchen, sich nicht umsonst zu Tode zu arbeiten. Zumindest ist das mein Problem … Ich kann das Tempo kaum drosseln und muss schauen, dass mich meine kreativen Kräfte nicht im Galopp durchs Weltall jagen. Ich muss … mit viel Eifer und Aufmerksamkeit daran arbeiten, ruhiger zu werden, um nicht zu viel zu tun."

Wir, die wir heute über fünfzig sind, können zum ersten Mal in der Geschichte damit rechnen, die Zeit und die Mittel zu haben, um alt zu sein. Statistisch gesehen weisen wir, bevor wir siebzig sind, erstaunlich wenig physischen Abbau auf. Die Fünfzigjährigen von heute genießen eine Freiheit, die keine Generation vor ihnen je hatte. Das Problem ist, dass wir diese Freiheit nicht annehmen wollen. Wir wünschen uns zusätzliche Lebensjahre, aber nicht als *alte* Menschen, schreibt Eva Seeberg in ihrem Buch *Die Zeit der Liebe (Kärlekens tid)*: „Wenn hier einer Altendiskriminierung betreibt, ... so sind wir das in erster Linie selbst: wir, die wir gerade älter werden. Unermüdlich zählen wir Falten und Jahre ... wollen, dass derjenige, bei dem wir ein ermäßigtes Seniorenticket kaufen, protestiert und uns nach unserem Ausweis fragt. Wir lesen Bücher über das Leben nach fünfzig, keckmuntere Bücher darüber, wie man jünger aussehen, sich jünger fühlen, sich jung halten kann ... Kein einziges Buch darüber, wie man alt *werden* kann, was das Alter zu geben hat, wie viele ganz neue und spannende Erfahrungen vor so vielen von uns liegen, die wir als Erste entdecken werden und für die wir Zeit haben, um sie zu erforschen."

Einer der Vorteile des dritten Alters liegt darin, dass wir uns über uns selbst bewusster werden, dass wir es wagen, an uns und an den Wert unserer Erfahrungen zu glauben, und dass wir es zulassen, über Wesentliches zu reden. Je älter wir werden, desto wichtiger werden Freundschaften, und mit der ganzen Lebenserfahrung, die wir haben, neigen wir weniger dazu, andere zu verdammen. Wir wissen wohl, wie schwer es ist, Mensch zu sein und dass man mit manchen Problemen vermutlich sein Leben lang kämpft. Wenn wir uns auf alle Türen konzentrieren, die sich schließen, und auf all das, was wir verlieren, werden wir die Türen verpassen, die sich gerade im Alter *öffnen*. Ich möchte daran glauben, dass die neuen Möglichkeiten, die sich uns auftun, wenn wir es durch die Einöde des Übergangs geschafft haben, die ganze Mühe wert sind.

4 Die Liebe in der zweiten Lebenshälfte

Eile, Geliebte, eile zu lieben!
So rasch verrinnt die Zeit.
Zünd an unser Licht, denn bald ist es Nacht,
und der blühende Sommer Vergangenheit.

Tove Jansson

Echte Liebe

Der Wein ist gegoren und beginnt, klar zu werden, hat C. G. Jung über die zweite Lebenshälfte gesagt. In dieser Zeit blickt man auf sein Leben zurück und stellt alte Gewohnheiten in Frage. Besonders, wenn man in einer Partnerschaft lebt, verlagern sich die Gewichte, und das kann Unruhe stiften. Es ist vollkommen normal, dass es ein Partner schwerer hat als der andere, sich in diesem Alter zurechtzufinden. Dafür gibt es viele Gründe, wie zum Beispiel Unterschiede in der Persönlichkeit, im Temperament, im Lebenslauf und im persönlichen Lebensrhythmus. Selbst lange Beziehungen gehen oft in die Brüche, nun, da die Illusionen nicht länger greifen und man seinen Partner vielleicht zum ersten Mal so sieht, wie er oder sie wirklich ist. „Du bist nicht derjenige, den ich geheiratet habe!“, lautet ein häufiger, allerdings meist unberechtigter Vorwurf. Die Wahrheit ist vielmehr, dass der andere niemals so war, wie wir glaubten. Wir schaffen uns Bilder voneinander, ganz nach unseren Bedürfnissen und Defiziten, und werden oft von solchen Menschen angezogen, die das haben, was uns fehlt. Wir bürden denjenigen, die uns am nächsten stehen, gerne das auf, was wir an uns selbst nicht ertragen oder was unser Selbstbild stört. Die Psychologen sprechen hier von Projektion – ein lateinischer Begriff, der bedeutet „etwas von sich weg und irgendwo hin zu werfen“. Mit diesem Begriff beschreiben sie, wie wir unbewusst mit Menschen umgehen, damit sie mit unserer subjektiven Vorstellung von der Wirklichkeit übereinstimmen. „Wie misstrauisch du aussiehst", „Ach, ist er nett", „Er ist neidisch auf mich", „Sie mag mich nicht", „Sie sind so hart zu mir", pflegen wir zu sagen und noch vieles mehr. Es ist üblich, Gefühle auf andere zu projizieren, die man aus unterschiedlichen Gründen bei sich selbst nicht akzeptieren kann. Worüber wir uns bei anderen beklagen, kann das sein, was wir bei uns selbst am wenigsten wahrnehmen. Dies einzusehen ist ein wichtiger Schritt dahin, unsere Gefühle zu erkennen und als Mensch ganz zu werden.

Wir projizieren aber nicht nur Negatives auf andere Menschen. Auch gute, wünschenswerte Qualitäten und Eigenschaften können wir auf andere übertragen. Jemanden in den Himmel zu loben und seine Talente zu preisen kann bedeuten, dass wir die Verantwortung von uns weisen, unsere eigenen Gaben zu entwickeln. Die Projektionen befreien uns momentan von dem, was uns Zwang antut. Dies jedoch bezahlen wir mit unserer Scharfsicht. Wir schaffen uns ein verdrehtes Bild von der Wirklichkeit, das es uns schwer macht, echte Beziehungen einzugehen. Die Projektionen reflektieren ein unbewusstes Bedürfnis, andere in ein bestimmtes Licht zu rücken, und bewirken in uns törichte und unrealistische Erwartungen, die verheerende Auswirkungen auf unsere Beziehungen haben können. In unseren Projektionen spiegeln sich Wünsche aus unserer Kindheit wider. „Gib mir Sicherheit", „Verlass mich nicht", „Lieb mich, egal was ich auch tue", „Errate meine Gedanken", „Sei immer für mich da" sind typische Beispiele dafür. Für Kinder sind diese Bedürfnisse ganz natürlich; bei einem Erwachsenen sind sie jedoch unangemessen. Unsere Eltern spuken als Projektionen vor allem in unseren Beziehungen zu den Menschen herum, die uns am nächsten stehen. Dies mag erklären, warum manche Menschen in oberflächlichen sozialen Kontakten Erfolg haben, während sie in engen Beziehungen scheitern. Die Nähe weckt Hoffnungen, aber auch Ängste.

Will man sich in der zweiten Lebenshälfte weiterentwickeln,

muss man seine Projektionen als das sehen, was sie sind: nämlich als falsche Bilder der Wirklichkeit, die reife Beziehungen behindern. Seine Projektionen wieder rückgängig zu machen ist ein vielschichtiger Prozess. Am Anfang meint man, dass das eigene Bild des anderen stimmt. Erst wenn man den Gedanken zulässt, dass es sich dabei vielleicht um Einbildung handelt, kann der Prozess in Gang kommen. Verliebtheiten gehen in dieser ersten Phase der Ernüchterung oft in die Brüche. In der nächsten Phase untersucht man, weshalb man das Bild vom anderen verdreht hat. Wie hängt dieses Fehlurteil mit der eigenen Lebensgeschichte zusammen?

Es ist eine schwere, aber notwendige Aufgabe – wenn sich eine Beziehung weiterentwickeln soll –, sich selbst und den anderen ohne Maske zu sehen. Die Wirklichkeit kann sich aber auch als so unangenehm erweisen, dass wir es vorziehen, mit einer Lüge zu leben. Es ist nicht einfach, unsere Illusionen über Bord zu werfen. Genau das müssen wir jedoch tun, wenn wir uns weiterentwickeln wollen. Eine Charaktereigenschaft, die mit zwanzig reizend, mit dreißig charmant und mit vierzig annehmbar war, kann bei einem Fünfzigjährigen unpassend und bei einem Sechzigjährigen schlichtweg peinlich wirken. Nicht alle schaffen es, mit der Zeit zu gehen. Eine übliche Illusion liegt zum Beispiel in der Meinung, wir seien anders als die anderen. Wer sich ein wenig Mühe gibt und auf das hört, was die anderen wirklich sagen, merkt natürlich, dass sich ihre Überlegungen und Probleme nicht allzu sehr von unseren eigenen unterscheiden. Die meisten von uns kämpfen still und tapfer mit ihren Sorgen und Nöten. In der zweiten Lebenshälfte müssen wir uns fragen, ob unsere Erwartungen an eine Beziehung nicht zu hoch sind. Viele Menschen kommen nach ihrem fünfzigsten Lebensjahr zu der Einsicht, dass uns die anderen zwar unterstützen und helfen können, dass wir die Verantwortung für unser Leben jedoch ganz alleine tragen. Es kann eine erschütternde Erfahrung sein, erkennen zu müssen, dass man im Wesentlichen allein dasteht im Leben. Diese ungeschminkte Wahrheit ist zwar hart, birgt aber auch die Chance in sich zu verstehen, woran man ist. Wovor man sich am meisten fürchtet, das ist selten so schlimm, wie man dachte. „Vielleicht sind alle Drachen unseres Lebens Prinzessinnen, die nur darauf warten, uns einmal schön und mutig zu sehen", schreibt Rilke. „Vielleicht ist alles Schreckliche im tiefsten Grunde das Hilflose, das von uns Hilfe will."

Es ist sehr schwer, einen anderen Erwachsenen dazu zu bewegen, sich zu ändern, und nur selten hat man das Recht dazu. Aus diesem Grunde ist es vernünftig, davon auszugehen, dass der andere weiter so leben wird wie bisher, und aufzuhören, auf das Unmögliche zu hoffen. Entweder lernt man nach dem fünfzigsten Lebensjahr, sich als Paar mit „offenen" Augen zu sehen und auf reife Weise gegenseitig anzunehmen, oder aber man trennt sich. Partnerschaftsprobleme hängen mit komplexen bewussten und unbewussten Motiven und Phantasien zusammen, warum man überhaupt vom anderen angezogen wurde und sich für ein gemeinsames Leben entschieden hat. Sie hängen ebenfalls mit dem „Gefühlsgepäck" zusammen, das jeder in die Beziehung hineingeschleppt hat. „Die Ehepartner bringen in die Ehe alles mögliche Gepäck mit, das aus ihrem früheren Kampf um Autonomie und Authentizität stammt. Das Altern birgt viele Probleme in sich, die sowohl mit den Eltern als auch mit den Kindern zu tun haben. Der Partner kann ihnen entweder entgegenwirken oder sie verstärken", schreibt der englische Psychologe Peter Hildebrand in seinem Buch über das Altern.

Zusammen wachsen oder zusammenwachsen?

Zweierbeziehungen in der zweiten Lebenshälfte können je nach der Situation, in der man sich gerade befindet, sehr unterschiedlich aussehen. Manche Menschen werden in dieser Zeit Großeltern. Manche sind immer noch mit ihrer Jugendliebe zusammen, während andere in zweiter oder gar dritter Ehe leben. Manche sind krank und gebrechlich geworden, andere erfreuen sich bester Gesundheit. Es gibt Partner, die ihre Liebe neu entdecken, und andere, die ernsthaft daran denken, die Beziehung, die beinahe ein Leben lang hielt, zu beenden. Manche erleben ein Beziehungstief, schrauben ihre Ansprüche herunter, verschließen die Augen vor allem, was schlecht ist, damit sie ja nicht etwas dagegen tun müssen, und werden – statt sich weiterzuentwickeln – alt. Wenn ein über fünfzigjähriges Paar Kinder im Teenager-Alter hat, die ihre Freunde mit nach Hause bringen, kann viel geschehen. Auf einmal hat man keine Ruhe mehr, und das kann negative Auswirkungen auf das Sexualleben haben. Es kann aber auch passieren, dass sich sexuelle Gefühle, die bis dahin geschlummert hatten, plötzlich wieder regen. In der Nähe von Menschen zu sein, die vor Lust und Leben strotzen, kann die eigene Beziehung wieder lebendig machen und ein Paar enger zusammenführen.

Es gibt also viele verschiedene Umstände und Beziehungsprobleme, mit denen man sich herumschlagen muss. Das Bedürfnis und das Vermögen zu lieben und sich zu verlieben sind ein Leben lang vorhanden. Das Gefühl, dass eine Beziehung stagniert, bedeutet nicht zwangsläufig, dass sie am Sterben ist. Vielleicht ruht sie nur. Auch in der zweiten Lebenshälfte entwickeln und verändern sich Beziehungen. Nur sehen ihre Triebkräfte und Probleme anders aus als in jungen Jahren.

In einem Zeitungsinterview berichtet Barbro Lenéer-Axelson über ein Paar in den mittleren Jahren, das gerne gemeinsam joggt. Sie läuft immer etwas schneller, und sein Selbstwertgefühl lässt es zu, sich überholen zu lassen. Sie verlangsamt nicht ihren Schritt, damit er die Illusion behalten kann, überlegen zu sein. Dieses Paar sei weit gekommen, meint Lenéer-Axelson. Sie sprach auch von der Notwendigkeit, dass man in seinem Leben – auch mit derselben Person – mehrere sexuelle Anfänge machen muss. Zuerst als junger und unerfahrener Mensch, dann nach der Geburt des ersten Kindes, später, wenn man neue Partner trifft oder sich in der Partnerschaft physisch – zum Beispiel auf Grund einer Krankheit – verändert hat. In einer langjährigen Beziehung kann man bei seinem Partner auf viele verschiedene Seiten stoßen. Ich erinnere mich an eine Fernsehsendung über ein Paar, das über sechzig Jahre verheiratet war. Auf die Frage, wie sie es denn geschafft hätten, so lange zusammenzubleiben, antwortete die Frau, sie sei mit fünf Männern gleichzeitig verheiratet gewesen. Als sie sich in ihn verliebte, war er jung, hübsch und ehrgeizig. Später wurde er zu einem Arbeitsfanatiker, und sie hatte es nicht leicht mit ihm; aber auch diesen Mann liebte sie. In der Midlifecrisis wollte er die Beziehung aufgeben, und es wurde eine schwere und düstere Zeit, aber die Liebe starb nicht. Und sie schaffte es, auch den leicht verwirrten Rentner, zu dem er allmählich wurde, zu lieben. Als dann der kahlköpfige Alte mit Hängebauch eine Tatsache geworden war, war sie bereit, auch diesen Mann lieben zu lernen.

Es ist nicht leicht zu lieben, und die Beziehung wird mit den Jahren nicht einfacher. Herrscht bei einem Paar ein großer Altersunterschied, kann es in der zweiten Lebenshälfte zu Schwierigkeiten kommen. Wenn ein Partner auf das Pensionsalter zugeht, während der andere noch mitten im Berufsleben steht, kann ein Altersunterschied, der früher nicht störte, über Nacht zum Problem werden.

Wahr ist, dass unsere Beziehungen nie besser werden können als die Beziehung, die wir zu uns selbst und unserem unbewussten Leben haben. Was bei uns selbst verkehrt ist, stimmt auch in der Beziehung nicht. Je älter man wird, desto deutlicher wird das, glaube ich. Langjährige Beziehungen können eine Quelle der Zuversicht oder der Enttäuschung sein. In der zweiten Lebenshälfte wird die Frage, wie man sein Leben am besten ordnet, wichtiger als die Frage, ob man von einem anderen bekommt, was man zu brauchen meint. Statt nach dem Unmöglichen zu trachten, sollte man das sehen und schätzen, was die Beziehung in sich trägt. Darin liegt ein enormes Entwicklungspotential. Wenn man damit aufhört, an seinen Partner unrealistische Ansprüche zu stellen, wird man mit der Kraft belohnt, die aus der Verantwortung für das eigene Leben strömt. Dann hat man das Glück, aus größter

Nähe in das Leben eines anderen Menschen zu blicken, ohne seine oder die eigene Identität zu verletzen. Rilke glaubt daran, dass ein glückliches, wunderbares Leben zwischen zwei Menschen erst dann entstehen kann, wenn sie akzeptiert haben, dass selbst zwischen denjenigen, die sich am nächsten stehen, ein unendlicher Abstand existiert, und wenn sie es geschafft haben, diesen Abstand zu lieben; erst dann sei es möglich, den anderen klar gegen den Himmel abgezeichnet zu sehen.

Die überkommene Hoffnung „zusammenzuwachsen“ muss dem Wunsch weichen „zusammen zu wachsen“. Einer der Vorteile in der zweiten Lebenshälfte liegt darin, dass man Zeit und Mut hat, Eigenschaften in sich zu entwickeln, die man früher nicht brauchte. Männer können zum Beispiel sinnlicher, gefühlsbetonter und abhängiger werden. Frauen können ihrerseits unabhängiger von der Meinung anderer und selbstbestimmter werden. Es kann höchst anregend sein, diese Möglichkeiten zu entdecken. Es kann aber auch Angst machen. Für einen Mann, der älter wird und am Arbeitsplatz mit jüngeren Kräften konkurrieren muss, mag es schwer sein, wenn er nun zu allem Überfluss auch noch von seiner ehemals angepassten und sich selbst verleugnenden Ehefrau gefordert wird.

Partnerschaften in der zweiten Lebenshälfte müssen sich so mancher Herausforderung stellen, und viele geben auf. Eine Ehe, die Schwierigkeiten bereitet, ist jedoch nicht unbedingt eine missglückte Ehe. Sie kann auch eine Beziehung sein, die noch nie richtig auf die Probe gestellt wurde. Liebe ist ein Dauerprojekt, das in vielfacher Weise Arbeit erfordert. Soll sich eine Beziehung noch im fortgeschrittenen Alter weiterentwickeln, so müssen einige Bedingungen erfüllt werden. Jeder Partner muss die Verantwortung für sein emotionales Wohlbefinden selbst tragen und dem anderen seine Gefühle und Bedürfnisse mitteilen können, ohne sich in einem traurigen Aufzählen alter Fehler und Mängel zu verfangen. Schweigen ist der größte Feind der Beziehung. Ein Paar, das eine Form gefunden hat, über Gefühle und auch über

Enttäuschungen zu reden, ohne festgefahrene und verletzende Worte zu benutzen, kann sehr weit kommen. Ein echtes Gespräch ist allerdings unmöglich, wenn nur einer redet. Natürlich ist in einer Beziehung ein Partner immer motivierter für ein Gespräch als der andere, aber damit ein Dialog entsteht, müssen ihn beide wollen. Von der Bedeutung des gesprochenen Wortes handelt das folgende Gedicht von Olof Lagercrantz:

Oh nein, nicht Trauerworte töten.
Wortlosigkeit heißt Tod.
Wir reden, wenn wir leben,
stumm sind wir, wenn wir sterben.
Hört also meine Stimme –
elende Flamme, die
die dunkle Höhle erhellt.
Niemand ist hier.
Nichts aber ist zu fürchten,
solange Wort und Flamme brennen.

Die Eigenarten des anderen zu lieben ist leichter gesagt als getan. Wenn sie der Wirklichkeit begegnen, zerbrechen die schönen Träume und hinterlassen eine Leere, die sich nur mit der Zeit füllen lässt. Manchmal entdecken Partner, dass sie unterschiedliche Wege gehen wollen – oder dies schon lange tun, ohne die Konsequenzen daraus gezogen zu haben. Man versteht einen anderen Menschen nie ganz und gar, genauso wenig, wie man selbst verstanden wird. Wir können uns nur bis zu einem gewissen Punkt einander nähern – und das muss reichen. Diesen Zustand beschreibt A. N. Wilson in seinem Buch *Incline our hearts* folgendermaßen: „Nur in einer Beziehung größter Intimität können wir zulassen, dass ein anderer Mensch dieselbe komplexe Natur hat, wie wir sie von uns selbst kennen. Das bedeutet, dass wir bei solchen Menschen keine Mutmaßungen mehr anstellen müssen. Wir akzeptieren sie wie uns selbst, ohne sie zu definieren, ohne nach Mustern und Formen für sie zu suchen und ohne sagen zu müssen, dass sie so oder anders sind." Es ist gut, dass es den anderen gibt. Wir müssen ihn nicht verstehen.

Nach dem fünfzigsten Lebensjahr hat man viele Gelegenheiten zu reifen – ob alleine oder als Paar. Meiner Meinung nach schaffen dies vor allem diejenigen Beziehungen, in denen jeder Partner für sich selbstständiger wird. Für das Reifen gibt es kein Muster. Menschen tun dies auf verschiedene Weisen und in einem unterschiedlichen Rhythmus, aber es gibt, glaube ich, einiges, was den Zustand der Reife kennzeichnet: Der Mensch kennt sich selbst gut genug, um eine einigermaßen ausgewogene Vorstellung davon zu haben, wer er wirklich ist. Sein Selbstbild weist eine gewisse Kontinuität auf, so dass er sich und sein Leben als ein zusammenhängendes Ganzes wahrnimmt. Er kann zu der Tiefe seiner Gefühle stehen, ohne sie in jeder Situation ausleben zu müssen, und er hat sich mit seiner eigenen Geschichte versöhnt. Er erkennt seinen Anteil an dem, was geschieht, und belastet andere nicht, sondern übernimmt Verantwortung. Er verfolgt Ziele, hat aber gleichzeitig erkannt, dass der Mensch nur wenig über seine Zukunft weiß. Er denkt über seine Ansichten und Urteile nach und lässt seine Unsicherheit zu in dem Wissen, dass alle Theorien zeitlich begrenzt sind. Er vertraut sich selbst und wagt es, anderen nahe zu kommen. Er versteht sich selbst als Teil eines größeren und umfassenderen Ganzen und findet gleichzeitig Freude und Sinn in der kleinen Welt. Er akzeptiert seinen Platz und seine Aufgabe in der Welt, ohne sich gering zu schätzen oder aufzublasen. Er nimmt sich selbst und seine Bestrebungen ernst, obwohl er gleichzeitig erkennt, wie unbedeutend er ist. Auch eine Spur Verspieltheit tut gut.

Die eigene Reife wird regelmäßig auf eine harte Probe gestellt. Entwickelt sich ein Partner schneller als der andere, kann dies die Beziehung ordentlich durcheinander bringen. Auf die Dauer braucht man Zeit, um nachzudenken und miteinander zu reden. Und oft muss man sich erneut mit etwas auseinander setzen, das man für geklärt hielt. Da kann es hilfreich sein, sich daran zu erinnern, aus welchen Gründen man sich damals gerade in diesen Menschen verliebt und entschieden hat, sein Leben mit ihm zu verbringen. Viele erleben, dass die Liebe im Alter neue Dimensionen gewinnt. Endlich versteht man, wie kompliziert menschliche Beziehungen sein können, was eine Voraussetzung dafür ist, dass man bereit ist, Liebe anzunehmen. Es kann ein ganzes Leben dauern, bis man lernt, sich nicht am anderen festzuklammern, ihm seinen Freiraum zu gönnen und ihn zu lieben, ohne eine Gegenleistung zu erwarten. Gemeinsam durchgestandene Schwierigkeiten schaffen wahre Intimität. Man streckt die Waffen und wartet nicht mehr auf das Unmögliche. Dies ist eine Voraussetzung dafür, im Alltag Frieden zu finden.

Alltagsliebe

Eines der Geschenke, das uns die zweite Lebenshälfte beschert, kann das wohltuende und beständige Gefühl sein, beim anderen seine Heimat zu haben: Das ist die Alltagsliebe. Es gibt eine Liebe, die nicht viel Aufhebens um sich macht, sondern einfach da ist. Sie ist eher eine leichte Brise als ein Orkan; eher ein Fischerboot in einer Bucht als ein Vollschiff auf den sieben Meeren; eher eine Cellosonate als eine Symphonie; eher eine Pelargonie in einem Tonkrug als eine rote Rose in einer Kristallvase.

Die Alltagsliebe verlangt eine ganze Menge Vorarbeit. Manchmal muss man Langeweile ertragen können, auch wenn in der Nähe die Leidenschaft wartet und zwischendurch ihren Kopf reckt, um an bessere Zeiten zu erinnern. Zärtlichkeit ist eine Leidenschaft im Ruhezustand, heißt es. Die Alltagsliebe leugnet nicht die Leidenschaft, sie macht sich lediglich nicht von ihr abhängig. Sie erinnert sich mit Wonne an die Liebe, die alles auf den Kopf stellt, ist aber bereit, von ihr abzulassen zu Gunsten anderer, tragfähigerer Gefühle. Die Alltagsliebe sagt nicht „Ich *kann nicht* ohne dich leben", sondern „Ich *will* mit dir leben". Und das ist ihre Stärke. Zärtlichkeit, Wärme und Toleranz für Unterschiede und Schwächen – die eigenen wie die des Partners – haben die hitzigsten Gefühle ersetzt. Die Alltagsliebe schließt Sexualität nicht aus. Im Gegenteil, die Sexualität kann sich wandeln, jetzt, da der Leistungsdruck abgenommen hat: Sie kann besser und inniger werden. Da ist Rücksicht auf die körperlichen Veränderungen gefordert, denn man muss seinen eigenen wie auch den Körper des Partners annehmen, so wie er ist, einschließlich Hängebusen und Schmerbauch. Wer in einer wahren Alltagsliebe lebt, kann so sein, wie er wirklich ist, und gesteht dem anderen denselben Freiraum zu. Die Alltagsliebe zeichnet sich durch Gelassenheit und Harmonie aus, ohne ausschließlich harmonisch zu sein. Wie alle anderen Beziehungen hat sie ihre eigenen Höhen und Tiefen. Statt Donnerwetter gibt es vielleicht dummes Gerede und harmloses Necken. Und zwischendurch kann das Ganze etwas lasch und farblos anmuten. Eine absolute Bedingung für den Fortbestand enger Beziehungen liegt darin, Widerstreit und gelegentliche Schwankungen der eigenen Gefühlen auszuhalten und zu wissen, dass man bald wieder zueinander findet.

Liebe,
jedoch nicht die auf Feuerfüßen
– die eilt zu kurzen Treffen
und dann rasch wieder fort,
die hetzt und lässt sich hetzen,
verletzt, lässt sich verletzen,
und ist erst froh,
wenn Abschiednehmen schmerzt.
Ich meine Liebe,
die sicher macht und still,
die wärmt und schützt
und nur den einen Abschied fürchtet:
den Tod.

So sieht Maria Wine *Die tägliche Liebe.*

Ein Psychoanalytiker, der sich besonders mit dem Phänomen Liebe beschäftigt hat, ist Otto Kernberg. Um die Phase zu beschreiben, die jener folgt, in der man seine utopischen Träume aufgegeben hat und mit Gelassenheit akzeptieren kann: „Das ist *mein* Leben", prägte er den Begriff „konstruktive Resignation". Wer es schafft, in seiner Beziehung zu einem anderen so weit zu kommen, kann großzügiger sein, seine Bedürfnisse besser vermitteln und für sie einstehen, ohne Angst zu haben, dass die Beziehung kaputtgeht. In der Praxis kann das bedeuten, dass man sowohl sich als auch seinem Partner die Freiheit lässt, sich in unterschiedliche Richtungen zu entwickeln, unterschiedliche Interessen und Gewohnheiten zu haben, ohne sich dabei bedroht oder verraten zu fühlen. Der eine möchte vielleicht ein wenig liegen und lesen, bevor er schlafen geht, der andere möchte gleich schlafen. Der eine schläft am liebsten mit offenen Fensterläden, der andere in einem total verdunkelten Raum. Der eine steht ganz früh auf, der andere schläft länger. Der eine will früh, der andere spät ins Bett gehen. Manche schnarchen, reden im Schlaf oder essen mitten in der Nacht Schokolade. Manche möchten, dass die Katze am Bettende schläft, oder wollen das Fenster links von sich haben. Nach dem fünfzigsten Lebensjahr ist es häufig der Fall, das man zu den Unterschieden in seiner Beziehung mehr steht und daraus Konsequenzen für den Alltag zieht. Natürlich besteht das ganze Leben aus einer Reihe von Kompromissen, aber manche erweisen sich als wirklich unnötig. In der zweiten Lebenshälfte werden manche Paare ehrlicher sich selbst gegenüber und finden einige einfache Lösungen, wie zum Beispiel getrennte Schlafzimmer. All das wäre schon immer möglich gewesen, aber sie entdecken es erst jetzt. Dass jeder in seinem Zimmer schläft, bedeutet dabei nicht, dass man sich nicht mehr liebt oder dass das Liebesleben vorbei ist.

Die Kunst zu lieben

Nicht alle Paare schaffen es, eine funktionierende Alltagsliebe zu leben. Glaubt man den Statistiken, sind wir besser im Auseinander- als im Zusammenleben. Etwa 22 000 schwedische Paare lassen sich jährlich scheiden; um die Jahrhundertwende waren es nur 400. Wie viele sich trennen, die unverheiratet in festen Beziehungen leben, weiß man nicht mit Sicherheit. Unser Bedürfnis nach Nähe und Zusammengehörigkeit kann kaum geringer geworden sein. Doch scheinen wir uns nur schlecht darum bemühen und es in konkretes Handeln umsetzen zu können. Dass wir uns so sehr von unserer Unabhängigkeit abhängig machen, ist wahrscheinlich ein Ausdruck unserer Angst, nicht geliebt zu werden. Und vielleicht von einer viel tiefer liegenden Angst, selbst zu lieben. Ich glaube, wir geben zu schnell auf.

Lieben ist im Unterschied zum Verliebtsein eine Kunst und stellt wie alle Künste u. a. gewisse Anforderungen an Disziplin, Geduld, Konzentration, Wille, Engagement und Instinkt für sich selbst. Liebe bedeutet aktives Handeln, ist also mehr Verb als Nomen. Die Kunst zu lieben lernen wir, indem wir sie üben. „Ich liebe dich" klingt leer und bleibt im Alltag unsichtbar. In seinem Buch *Die Kunst zu lieben* beschreibt Erich Fromm einige Grundzüge, die allen Formen der Liebe gemeinsam sind: a) *Fürsorge* – über das Leben des anderen und sein Wohlbefinden aktiv nachdenken, b) *Verantwortung* – auf den anderen „antworten" und reagieren, c) *Respekt* – seine Augen für die Einzigartigkeit des anderen öffnen, sich für seine Entwicklung stark machen, ihn lieben, wie er ist und nicht, wie man ihn sich wünscht, und d) *Einsicht* – die Tiefe im anderen wirklich fühlen lernen: sehen und sich darum kümmern, was hinter der Oberfläche geschieht. Um all das zu können, muss man in den verschiedensten Lebensumständen genug Erfahrung gesammelt haben und wissen, dass man nur in gewissen gottbegnadeten Augenblicken mit dem anderen wirklich „verschmelzen" kann. Meist steht man in seinem Leben alleine da.

Wenn sie älter werden, neigen Menschen dazu, zur Karikatur ihrer selbst zu werden. Sowohl die Persönlichkeits- als auch die Gesichtszüge werden deutlicher und schärfer. Auf die gleiche Weise können sich auch die Beziehungsmuster verstärken. In der zweiten Lebenshälfte können Probleme, die über ein halbes Leben lang im Drunter und Drüber des Alltags untergegangen sind, plötzlich zum Vorschein kommen. Widersteht man der Versuchung, sie jetzt zu übersehen, um Ärger zu vermeiden, kann ein glücklicher Zufall neues Leben in die Beziehung bringen. Leider sieht man oft nicht – oder will nicht sehen –, welche Möglichkeiten sich darin verbergen, den Problemen nicht auszuweichen. Beziehungen enden entweder in der Krise oder in der leeren Wiederholung alter Verhaltensmuster, und man lebt ohne wirklichen Kontakt nebeneinander her. Partner gehen eigene Wege und wenden sich meistens voneinander ab. Eine richtige Begegnung geschieht selten oder gar nicht. Viele Paare, die einander eigentlich gleichgültig sind, bleiben zusammen aus alter Gewohnheit oder Bequemlichkeit. Ein bekanntes Verhaltensmuster ist der ewige Kampf um die kleinen Dinge. Das Paar lebt in einer gut ausbalancierten Hölle und hält die Beziehung mit Hilfe mehr oder minder ritueller Wortgefechte über altbekannte Themen am Leben. Da beide ganz genau wissen, wo die Grenzen liegen, kommt es selten zu einem richtigen Krieg. Aber sie schließen auch keinen Frieden. Ein solches Zusammenleben ist genauso schrecklich wie die leere Beziehung, kann aber nach außen den Eindruck von Dynamik erwecken. Nur wer in dieser Beziehung eingeschlossen ist, weiß, wie groß die Belastung ist. Eine weitere übliche Art von Beziehung ist das Fünfzig-zu-Fünfzig-Denken: „Beim letzten Streit habe ich nachgegeben – jetzt ist er dran“ ist eine Variante davon. „Letzte Woche habe ich vorgeschlagen, essen zu gehen – nun soll er einen Vorschlag machen“ eine andere. Oder: „Am Samstag habe ich gewaschen – jetzt ist sie an der Reihe.“ Es gibt unendlich viele Variationen dieses Denkens, und für einen Augenblick empfindet man dabei wirklich Befriedigung. Wie aber würde die Beziehung aussehen, wenn sich beide dazu entschlössen, für alles hundertprozentige Verantwortung zu übernehmen! Es kann spannend sein, in seiner zweiten Lebenshälfte auf eine neue Art zu spüren, dass man voll und ganz im Alltag steht, indem man sich die Frage stellt: „Was tue ich normalerweise, wenn er sich so verhält?" und dann versucht, etwas ganz anderes zu tun. Man glaubt nicht, welche Auswirkungen das haben kann. Eine drastische, aber ganz übliche Art, den Status quo zu durchbrechen, liegt darin, dass der eine (oft der Mann) sich in eine andere (oft jüngere) Frau verliebt und das alte Leben rasch über Bord wirft. Dabei versteht keiner der Partner wirklich, warum. In den meisten Beziehungen gibt es Momente, in denen eine Seite andeutet, dass es vielleicht an der Zeit wäre aufzugeben. Dies führt oft zu Schmerz und Grübelei und in manchen Fällen zu Entscheidungen, die man später bereut. Es ist gut, wenn man eine Weile wartet, um sicher zu sein, dass die Liebe wirklich vorbei ist. Manchmal hilft es, so zu handeln, *als ob* die Liebe noch da wäre. Wenn man etwas Liebevolles tut, kann es geschehen, dass man von Liebe erfüllt wird. Damit meine ich nicht, dass man lügen oder „Ich liebe dich" sagen soll, wenn man daran zweifelt, inwieweit das stimmt. Es könnte einfach reichen, dass man die verletzende Antwort zurückhält, die einem auf der Zunge liegt. Wenn man beginnt, all das emotionale Gerümpel wegzuräumen, das sich über die Jahre angesammelt hat, entdeckt man vielleicht, dass die Flamme immer noch brennt – wenn auch nur schwach – und dass man in dem, was erloschen aussah, neue Glut entfachen kann. Selbstverständlich gibt es viele praktische Gründe, warum einem daran liegt, sich nicht zu trennen: Kinder und Kindeskinder, gemeinsame Erinnerungen, Schuldgefühle, Verantwortung, Bekannte und Verwandte, gemeinsamer Besitz und vieles andere mehr. Selbst in schlechten Beziehungen kann alles Mögliche als Kitt dienen und den Alltag erträglich machen. Ob es einem allerdings reicht, dass das Leben „erträglich" ist, ist eine Frage, die in der zweiten Lebenshälfte eine Antwort verdient.

Das gefährliche Alter

Wer sich an seiner Jugend festklammert, tritt nur widerstrebend in die zweite Lebenshälfte ein. Für viele von uns ist das ein gefährliches Alter – gleich einer zweiten Pubertät –, in dem sich halb vergessene Gefühle, fremd und vertraut zugleich, erneut regen. Man stumpft nicht einfach ab, bloß weil man älter wird. Ganz im Gegenteil können Alter und Erfahrung für ein reicheres und intensiveres Gefühlsleben sorgen. Leidenschaft ist sicherlich nichts, was der Jugend vorbehalten ist.

In seiner ursprünglichen Bedeutung steht das Wort Leidenschaft für Leiden, selbst wenn es in Zusammenhang mit allen möglichen Gefühlen gebraucht wird: für Liebe natürlich, aber auch für Gefühle wie Hass, Zorn, Neid, Rache, Bosheit und Eifersucht. „Coup de foudre" sagen die Franzosen, wenn die Liebe wie ein Blitz einschlägt, die Nacht zum Tag macht und uns um die Vernunft bringt. Die Leidenschaft raubt uns den Schlaf in der Nacht und die Ruhe am Tag. Wenn man sich nicht in Acht nimmt, kann die wärmende Flamme zu einem verzehrenden und zerstörenden Lauffeuer werden. Da man um die eigene Endlichkeit weiß, findet man nichts Ungewöhnliches daran, dass die Gefühle in Wallung geraten und man von Rastlosigkeit ergriffen wird. Manche Menschen sind geradezu besessen davon, für einen Gedanken einzustehen, einen Gegenstand zu pflegen, ein Projekt durchzuführen oder sich in eine neue Liebe zu stürzen, als müssten sie sich das Leben greifen, solange noch Zeit ist. Gefühle, die dahindämmerten, werden wieder lebendig, bringen den Alltag ins Schwanken und lassen uns noch einmal Feuer fangen. Doch nicht nur die Liebe kann Gefühle in Brand setzen. Viele Dinge können leidenschaftliche Gefühle ins Leben rufen und Lust und Leiden schaffen. Starke Gefühle sind immer Boten. Wenn man sich seinen Träumen hingibt und von seinen Gefühlen völlig durchdringen lässt, ohne den Boden unter den Füßen zu verlieren, lernt man sich neu kennen. Wer allerdings zum Opfer seiner

Gefühle wird, riskiert, sich selbst zu verlieren. Die Leidenschaft fordert uns auf, unseren Alltag unter die Lupe zu nehmen. Wir dürfen das Leben, das wir bisher für gegeben hielten, aus neuen Blickwinkeln betrachten, um uns entweder für das Alte oder für das Unbekannte zu entscheiden. Die Erfahrung hat ihren Preis, und alles hat seine Folgen. Die Leidenschaft führt zu existenziellen Entscheidungen, die daran erinnern, dass der Alltag größtenteils aus gegenseitigen Vereinbarungen besteht und dass man sich am Feuer verbrennen kann. Mitten im Sturm der Gefühle hört man schon das alte Leben raunen, und gewisse Vorzeichen erinnern daran, dass alles vorübergeht, dass selbst die stärksten Gefühle einmal verebben und einen Alltag hinterlassen, der gelebt werden will. Es ist verlockend, sich im Namen der Liebe selbst zu belügen, indem man beispielsweise meint: Alles wird gut, wenn man nur mit dem zusammen ist, den man liebt.

Es ist gar nicht so ungewöhnlich, dass zeitweise schlummernde Gefühle – Wut, Leidenschaft, Zorn etc. – sich nun zu erkennen geben und all das, was man aufgebaut hat, umzukrempeln drohen. Wenn man dem Durcheinander nicht aus dem Weg geht, kann dies die Grundlage für eine neue und tiefere Selbsterkenntnis sein. Seine Gefühle zu akzeptieren, sie zu untersuchen und etwas über sie zu lernen, ist nicht das Gleiche, wie sie auszuleben. Das ist eine innere Arbeit, die nicht immer nach außen sichtbar wird. Viele, die mitten im Leben in die tiefste Verzweiflung geraten, finden in sich selbst ungeahnte Kräfte, und ihr Leben erfährt einen neuen Sinn.

Tiefe Gefühle sind ein Geschenk. Aber sie machen das Leben auch komplizierter. Sich seinen Gefühlen zu stellen, ohne von ihnen überwältigt zu werden und das niederzureißen, was man aufgebaut hat, ist eine große Kunst. Und ich bin überzeugt davon, dass man starke Gefühle erleben kann, ohne ihnen in seinen Handlungen Ausdruck zu geben. Eine übliche Täuschung liegt darin, die Leidenschaft mit der Person zu verwechseln, die sie auslöst. Die Gefühle gehören immer uns, ganz abgesehen davon, wie man mit ihnen umgeht. Es steht uns frei herauszufinden, was sie uns sagen und was wir mit ihnen anfangen wollen. „Die Menschen kommen nicht in den Himmel, weil sie ihre Leidenschaften gezügelt und gesteuert haben, sondern weil sie ihr Verständnis geschärft haben", sagt der englische Dichter William Blake. Nicht immer ist die Grenze zwischen Wahrheit und Illusion deutlich zu erkennen. Wenn man zum Beispiel verliebt ist, können Gefühle aus der eigenen Kindheit zurückkehren, ohne dass man versteht, warum. Die Sehnsucht nach den allmächtigen Eltern kann verschiedene Formen annehmen. „Endlich habe ich meine Zwillingsseele gefunden!", sagt sich der Verliebte: „Noch keiner hat mich so gut verstanden wie sie!"; „Jetzt weiß ich endlich, was es bedeutet, jemandem nahe zu sein!"; „Sie liebt mich so, wie ich bin!" Ich habe den Verdacht, dass viele unbewusst auf den erlösenden Prinzenkuss warten und auf die vollkommene Nähe, auf die man nur als Kind ein Recht hat. Man vergisst gerne, dass ein erwachsener Mensch keine bedingungslose Liebe erfahren kann und dass der neue Alltag, der einsetzt, wenn die Flamme der Leidenschaft nur noch schwach brennt, höchstwahrscheinlich dem alten sehr ähnlich sein wird. Der Schriftsteller Theodor Kallifatides hat einmal in einem Fernsehinterview über die Leidenschaft gesagt, dass „man den Wein trinken, sich aber nicht an ihm betrinken soll".

Auch wenn man sich entscheidet, der Leidenschaft nicht zu folgen, wird sie nicht spurlos verschwinden. Was uns wirklich berührt, hinterlässt seine Spuren. Wenn die Glut erkaltet, wird die Asche in den Wind gestreut, damit sie neues Wachstum ermöglicht: Vielleicht macht sie uns Mut, „ja" zu sagen zu der Kreativität, die dem Leiden oft folgt. Ich mag das folgende Gedicht des irischen Dichters Yeats sehr gerne. Es trägt den Titel *Wenn du alt bist* und handelt vom Schatten der Leidenschaft. Jedes Mal, wenn ich es lese, erfüllt es mich mit Wehmut und Zärtlichkeit:

Wenn du einst alt und grau und voller Schlaf
Und nickst am Feuer ein, dann nimm dies Buch,

Lies langsam, träume dich zurück und such,
Wie mich dein Aug mit seinem Schatten traf.

Wie viele liebten dich im heitren Licht
Und weil du schön warst, sahn dich mit Begier,
Doch einer liebt' das Pilgerherz in dir,
Die Trauer in dem wechselnden Gesicht.

Und wenn du dich hinunterneigst zur Glut,
Dann flüstre traurig: wie die Liebe floh
Und auf den Bergen hinschritt irgendwo
Und ihr Gesicht verbarg in Sternenflut.

Durch die Leidenschaft können wir vieles lernen. Wenn wir uns von ihr berühren lassen, können sich ungeahnte Türen auftun, und etwas ganz Neues beginnt.

Enkelkinder bekommen

Die Liebe hat viele Gesichter. Manchmal sind es mildere Gefühle als die Leidenschaft, die das dritte Lebensalter bereichern. Ich war selbst ganz unvorbereitet auf das Glücksgefühl, das Besitz von mir ergriff, als ich zum ersten Mal mein Enkelkind im Arm hielt. Es war nicht die überwältigende Freude, an die ich mich aus meiner Zeit als junge Mutter erinnern konnte. Und auch nicht dieselbe Erleichterung, als ich feststellte, dass alle Finger und Zehen dran waren. Vielmehr war es ein Erlebnis von Frieden und Vollendung, das mich in seiner Stärke überraschte. Genau hier, in meinen Händen, ruhte ein Glied in einer Lebenskette, die Vergangenheit und Zukunft miteinander verband. Ich war stolz über meinen eigenen Beitrag an dem rätselhaften Blick, der sich in meinen bohrte, und für einen Moment fühlte ich mich im Einklang mit der ganzen Welt. Dann kam noch ein zweites Enkelkind hinzu, und ich musste mich wieder an den Duft von Kleinkindern und die samtige Haut an meiner Wange gewöhnen. Es war ein reiner Genuss, als Großmutter – ohne Hormonsturm und Milchstau – noch einmal zur Welt der Kinder Zugang zu bekommen. Ich hatte das Glück, Großmutter zu werden. Das bedeutete aber gleichzeitig Herausforderungen und Fallen, wie ich sie mir kaum vorgestellt hatte. Frauen, die in den vierziger Jahren geboren sind, gehören zu der ersten Generation, in der viele zu dem Zeitpunkt, wo sie Großmutter werden, immer noch berufstätig sind und vielleicht sogar auf dem Höhepunkt ihrer Karriere stehen. Mit fünfzig waren früher die Wechseljahre für die meisten schon kein Thema mehr. Heute halten uns jedoch Hormone und andere Präparate, die wir einnehmen, jung und gesund. Sie verzögern den Alterungsprozess und erschweren den Übergang zur Rolle als Eltern in zweiter Generation. Es ist nichts Ungewöhnliches, dass eine frisch gebackene Großmutter eigene Kinder im Schulalter hat, was zu verschiedenen Rollenkonflikten und gegensätzlichen Erwartungen führt. Die Verhältnisse haben sich radikal geändert, und es mangelt noch an Vorbildern, die den Weg in das Neue weisen könnten.

In vielen Kulturen spielt die Großmutter eine zentrale Rolle, sowohl in der Zeit des Wochenbetts als auch in der Kindererziehung. Die Großmutter wird hier mit Achtung behandelt und hat nicht selten auch sonst in der Gesellschaft eine Menge zu sagen. Zu ihrer Rolle gehört es, Rituale zu vollziehen, Mythen weiterzugeben, in Familienauseinandersetzungen zu vermitteln, im Streitfall Rat zu geben und auf diese Weise die Kultur zu festigen und aufrechtzuerhalten. Die Großmutter ist ein Stützpfeiler der Gesellschaft und eine Brückenbauerin zwischen den Generationen.

Anthropologen haben in vielen verschiedenen Kulturen Enkelkinder und deren Großmütter unter die Lupe genommen und festgestellt, dass die meisten von ihnen munter miteinander scherzen und viel Spaß zusammen haben. Frauen, die als Mutter streng waren, werden in ihrer Rolle als Großmutter weicher und nachgiebiger. Mit sechzig tritt die Frau in die allerälteste Altersgruppe in der Gesellschaft ein und genießt oft große Autorität. Älter zu werden ist ein Triumph, eine erwünschte Stellung, die es zu feiern gilt. In vielen Kulturen findet man dafür Rituale, die bei uns vollkommen fehlen. In manchen Gegenden in Japan lässt man beispielsweise eine Frau, die sechzig wird, rote Kleider tragen, eine Farbe, die sie seit ihrer Kindheit nicht mehr tragen durfte. Das Symbol für ihren neuen Status ist ein roter Unterrock. Im Westen sind die oft hart arbeitenden Großmütter ganz auf sich gestellt, wenn es darum geht, mit ihrer Rolle zurechtzukommen. Während es eine Menge Kurse gibt, die auf das Elterndasein vorbereiten, habe ich noch keinen einzigen gesehen, der darauf vorbereitet, Großmutter zu werden. Jede muss sich selbst vorantasten. Gleichzeitig werden wir mit Stereotypen belastet, die uns einreden wollen, wie eine Großmutter zu sein hat. Auf einem meiner Geschirrtücher steht zum Beispiel Folgendes: „Behandle deine Großmutter stets wie ein Treibhausgewächs, mit Wärme und Licht, und gib ihr viel zu trinken. Schenk ihr viele Bilder für ihr Photoalbum und ihre Bilderrahmen. Lade sie zu dir ein und statte sie aus mit Bettschuhen, Nachtmütze und Wärmflasche. Bring ihr morgens das Frühstück oder eine Tasse Tee ans Bett mit einer Blume in der Vase. Achte darauf, dass der Ofen immer warm ist, und gib ihr eine Tafel ihrer Lieblingsschokolade, wenn sie deine Kinder hütet. Dann wird sie ihnen ihre Lieblingsmärchen vorlesen und ihre Socken stopfen, wenn sie ins Bett gegangen sind. Lass sie die Kinder ruhig mit Leckereien und Spielzeug verwöhnen. Wenn sie alt ist, hilf ihr beim Einkaufen und dabei, ihre Brille und ihr Strickzeug wiederzufinden. Lobe deine Großmutter immer wegen ihrer Kochkunst und bitte sie oft, dein Lieblingsgericht zu kochen. Aber vor allem: Gib ihr das Gefühl, dass du sie brauchst." Das sind gewiss verlockende Aussichten, allerdings Lichtjahre entfernt von meiner Wirklichkeit als berufstätige Großmutter. Das wurde mir neulich klar, als meine Tochter, die gerade im Erziehungsurlaub ist, frühmorgens anrief und offensichtlich Lust hatte zu reden. Sie wollte von einem Gericht erzählen, das sie am Abend davor zubereitet und das himmlisch geschmeckt hatte. Sie wollte mir das Rezept geben. Heute wollte sie Kuchen backen und dann Sarah treffen, die frisch verliebt in Sam war. Er sah gut aus und war wahnsinnig nett. Übrigens besaßen seine Eltern ein Haus in Schonen südlich von Brantevik, wie hieß das noch mal? Morgen wollte sie ... Meine Tochter plapperte munter weiter, während ich mit Lockenwicklern im Haar, den Lippenstift in der einen, eine Tasse Tee in der anderen Hand und den Hörer zwischen Ohr und Schulter geklemmt, ängstliche Blicke auf die Uhr warf und hoffte, nicht zu desinteressiert zu klingen. Es war schön, ihre Stimme zu hören, aber eine halbe Stunde später sollte ich auf einer wichtigen Tagung sein und würde meinen Bus verpassen, wenn ich mich nicht beeilte. In solchen Momenten fühle ich mich als Mutter und als Großmutter unzulänglich.

Wir haben eine Menge Vorstellungen davon, wie eine Großmutter aussieht. Wir haben zum Beispiel das Bild der lieben Großmutter mit silbernem Haar und einer Brille auf der Nase, die – eingewickelt in einen selbst gestrickten Schal – im Schaukelstuhl schlummert. Da ist das kleine, rundliche Geschöpf mit rosigen Wangen und einer blumigen Schürze vor dem Busen, das in einer wohlig duftenden Küche Kuchen backt, die Hände bis zu den Ellenbogen in Mehl versenkt und einem Lächeln auf den Lippen. Es gibt die uralt weise Großmutter mit faltigem Gesicht unter ihrem Kopftuch, die irgendwo in einem südlichen Land am Türrahmen eines weiß gekalkten Hauses lehnt und traurig in die Weite blickt. Oder die ätherische Dame in feinen Kleidern und Hut, mit gepflegten Fingernägeln und blau schimmerndem Haar, die ihre Frauenzeitschrift ablegt und sich leicht zerstreut über den Kinderwagen beugt, um kurz hineinzuschauen. Während sie vorsichtig am Baby herumnestelt, sieht sie aus, als wartete sie auf das Kindermädchen, das jeden Augenblick herbeieilen muss, um die Windeln zu wechseln. Und irgendwo in der Ferne lauert sogar das Bild der alten Hexe mit ihrer Warze auf der Nase und dem stechenden Blick.

Wie sieht es denn in der Vorstellungswelt von Kindern aus? Was haben sie für Bilder von der Großmutter im Kopf? Wenn Kinder aufgefordert werden, eine Großmutter zu malen, zeichnen sie gerne eine nette Frau, die am Herd steht und backt, die die Blumenbeete hegt, die im Sessel sitzt und strickt oder sonst eine friedliche und sichere Arbeit verrichtet. Sie malen solche Bilder unabhängig davon, dass ihre wirklichen Großmütter Anwältinnen oder Professorinnen sind, Unternehmen besitzen, nach Afrika auf Safari gehen, einen Salsakurs besuchen oder einen Computerkurs für Fortgeschrittene belegt haben. Kinder halten fest an dem Klischee einer Großmutter, die sie selten selbst erlebt haben, sagt Sheila Kitzinger, die ein Buch über Großmütter geschrieben hat. Kann es sein, dass wir Vorstellungen von ruhigen, sicheren Großmüttern aufrechterhalten, weil sie Eigenschaften widerspiegeln, die wir vermissen?

Kinder haben eine einfachere Beziehung zu ihren Großeltern als zu ihren Eltern. Gegenüber der Großmutter haben sie nicht dieselben gemischten Gefühle, wie sie die Eltern wecken. Kitzinger befragte Hunderte von Menschen über ihre Großmütter und merkte, dass viele auf etwas verwiesen, das mit Essen zu tun hatte: ein bestimmtes Gericht, der Duft in Großmutters Küche, eine bestimmte Sorte Karamellen, die sie verschenkte. Viele verbanden mit ihrer Großmutter Rezepte für leckere Kuchen und Pasteten, für Marmelade oder eingemachtes Gemüse. Als Kitzinger in den USA, in Großbritannien und Australien eine Annonce aufgab, um mit Frauen in Kontakt zu kommen, die darüber berichten wollten, wie es ist, Großmutter zu sein, bekam sie Tausende von Rückmeldungen, denen sie schriftlich oder über ein Interview nachging. Aus diesem Material schälten sich zwei ihrer Meinung nach typische, jedoch ganz unterschiedliche Haltungen heutiger Großmütter heraus. Die erste nennt sie die *eifrige Großmutter*. Diese engagiert sich tatkräftig und überidentifiziert sich mit ihrer Tochter. Bevor sich die Frage nach einem Kind überhaupt gestellt hat, fragt diese Großmutter ihre Tochter, *wann* (nicht *ob*) sie daran denke, Kinder zu kriegen. Sobald das Kind eine Tatsache geworden ist, betritt diese Sorte Großmutter die Szene und verschafft sich eine zentrale Rolle, sowohl in der Schwangerschaft als auch bei der Entbindung, und mischt sich völlig ungeniert in alles ein. Für dieses Verhalten gibt es viele Gründe. Manche sehen darin vielleicht eine Möglichkeit, ihre Identität zu stärken, oder eine zweite Chance, um zu beweisen, dass sie eine gute Mutter sind. Das kann daran liegen, dass sie es schwer haben, ihr Kind und die eigene Mutterrolle loszulassen, oder daran, dass sie in ihrem Leben eine Leere spüren, die gefüllt werden muss.

Die zweite Haltung nennt Kitzinger die *widerwillige Großmutter*. Diese fühlt sich durch ihre Großmutterrolle in ihrer Identität eher beschwert denn bestärkt und kann sich nicht recht mit ihr abfinden. Auch dafür gibt es verschiedene Erklärungen. Manche Frauen werden durch ihre Enkelkinder zu offensichtlich ans Älterwerden erinnert. Wenn die einen geboren werden, müssen die anderen sterben, und es kann schwer sein, mit der Vorstellung zurechtzukommen, in der Warteschlange einen Schritt weiter vorgerückt zu sein. Manche erleben die Anforderungen, die an sie als Großmutter gestellt werden, als eine Bedrohung ihrer neu gewonnenen Freiheit im dritten Lebensalter. Es kann sein, dass das neu geborene Enkelkind Erinnerungen an eine schwere Zeit als junge Mutter weckt. Eine Frau, die sich schuldig fühlt, weil sie eine schlechte Mutter war, kann, wenn sie Enkelkinder bekommt, befürchten, auch als Großmutter zu versagen. Manchmal fühlt sich die Großmutter überflüssig in ihrer Beziehung zu ihrer Tochter und konkurriert mit dem Neugeborenen um die Aufmerksamkeit der Tochter. Oder sie übersieht Tochter und Enkelkind, um dieses Gefühl loszuwerden. Es ist ein starkes Erlebnis, eine Mutter mit ihrem Säugling zu sehen. Wenn man Großmutter wird, erinnert man sich nicht nur daran, wie es war, selbst Mutter zu sein, sondern auch, wie es war, selbst ein Kind zu sein. Nicht alle blicken auf ihre Kindheit mit uneingeschränkter Freude zurück, und die Geburt eines kleinen Kindes kann bedeuten, dass die Erwachsenen in seiner Nähe ihre Kindheit neu erleben. Erinnerungen aus jener Zeit – zum Beispiel als man Geschwister bekam und Angst hatte, von seiner Mutter verlassen zu werden – werden wieder wach.

Wenn man Enkelkinder bekommt, wird davon auch die Beziehung zwischen der Großmutter und ihrer Tochter beeinflusst. Sein Kind Mutter werden zu sehen, kann einen phantastischen Impuls bedeuten. „Was ist das für eine tolle Mutter", dachte ich voller Bewunderung, als ich sah, wie meine Tochter mit ihren Kindern umging. Wer weiß, vielleicht war ich ja auch so gut gewesen! Es kann aber auch wehtun, wenn eine Großmutter merkt, dass ihre Tochter dieselben Fehler macht wie sie.

Es ist also herrlich, Großmutter zu sein, aber es ist nicht immer unproblematisch. Kitzinger nennt folgende Schwierigkeiten in der Großmutter-Tochter-Beziehung: a) Großmutter und Tochter können unterschiedliche Ansichten über Kindererziehung haben. b) Die Großmutter schenkt dem Enkelkind ihre ganze Aufmerksamkeit und gibt ihrer Tochter das Gefühl, unerwünscht oder überflüssig zu sein. c) Großmutter und Tochter haben verschiedene Ansichten darüber, was für das Kind gut ist, wenn es beispielsweise um Essen, Kleidung oder Schlafenszeiten geht. d) Die Großmutter gibt zu viele Ratschläge, ohne dass die Tochter darum gebeten hätte. e) Indem sie sich im Haushalt unentbehrlich macht, bietet die Großmutter *zu viel* Hilfe an. Der Rat an die Großmutter ist ganz klar: Seien Sie vorsichtig mit Analysen und Kommentaren. Helfen Sie Ihrer Tochter, ihr Selbstbewusstsein zu stärken. Akzeptieren Sie sie und ihren Mann, wie sie sind, und nicht, wie Sie denken, dass sie sein sollten. Hüten Sie sich davor, zu viele Ratschläge zu erteilen. Und vor allem: Kritisieren Sie nicht! Das Leben ist zu kurz, um es zu verschwenden.

5 Eine Art Weisheit

*Wer eine Sache zerstört, um festzustellen, was sie ist,
hat den Pfad der Weisheit verlassen.*

J. R. R. Tolkien

Im Angesicht des Todes

Wir alle müssen sterben. Dieselbe Kraft, die uns wachsen lässt, lässt uns auch verwelken. Wenn wir lange genug leben, verlassen uns alle, die wir lieben, und wenn wir nicht lange genug leben, verlassen wir sie. So ist das, jetzt und für alle Zeit. Wie sollen wir es schaffen, diese Wahrheit anzunehmen? Sollen wir uns ihr mit Hilfe der Vernunft unterwerfen? Sollen wir dem Tod den Kampf ansagen? Vor ihm die Augen verschließen? Über ihn scherzen? Sollen wir anfangen, über ihn zu grübeln? Ihn mit aller Kraft von uns weisen? Jeder von uns muss seine eigene Art finden, mit Tod und Verlust umzugehen, sonst kommt er nicht weiter. Es gibt keine Muster dafür, wie sich ein Mensch seinem Ende nähert. Der Tod hat viele Gesichter, und so wie jedes Leben ist auch jeder Tod einzigartig. Stirbt man ungefähr so, wie man gelebt hat? Kann man sich an den Tod gewöhnen? Sebastian Lybecks Gedicht *Tod eines Freundes* lautet:

> Ich erinnere mich: Das Ungewöhnliche des Todes
> verschwand an dem Tag, als er starb.
>
> Ich saß und las ein Buch. Dann
> legte ich es beiseite und ging hinein.
>
> Da standen sie still um sein Bett,
> und die Abenddämmerung lag vor der Fensterbank.

Und wie ich da stand, sagte eine Stimme:
„Jetzt hört er auf zu atmen."

Und da, in diesem Augenblick, da kam der Tod.

Wie die Geburt gehört auch der Tod zum Leben. Aber was kümmert uns das schon? Wir zucken mit den Achseln, machen weiter wie bisher und wissen nicht, dass uns unser Versuch, die Realität des Todes abzuwehren, unbeholfen macht. Wenn wir nicht zu den allernächsten Trauernden gehören, wissen wir kaum, wie wir uns verhalten sollen, wenn sich ein Todesfall in unserer Nähe ereignet. Viele scherzen lieber über ihr eigenes „Abkratzen", statt dem Tod ins Angesicht zu blicken. Doch wie wir uns auch winden, der Tod gehört zum Leben und demaskiert den Mythos, wir hätten alles unter Kontrolle. Der Tod lässt uns erkennen, dass wir Menschen und keine Götter sind. Manche behaupten, unsere Faszination angesichts von Massenkatastrophen – Flugzeugunglücken, Überschwemmungen, Brand, Krieg, der plötzlich aufflammenden Gewalt, die alles erbeben lässt – finde ihren Grund darin, dass wir dabei das Leben deutlicher spürten angesichts der Illusion, in der großen Lebenslotterie gewonnen zu haben, weil der Tod anderen galt. Wenn der Tod ein persönliches Gesicht trägt, ist es einfacher, spontan und menschlich zu reagieren und zu erkennen: Das hier hat mit mir selbst zu tun. So lässt sich vielleicht erklären, warum viele so starke Reaktionen zeigten, als Prinzessin Diana bei einem Autounfall ums Leben kam. Wenn der Tod sogar über sie, die Junge, Schöne, Reiche und Berühmte, Macht hat, wie sieht es dann erst mit mir ganz gewöhnlichem Menschen aus?

In unserer computervernetzten Gesellschaft haben wir uns daran gewöhnt, alles – auch den Tod – in Kategorien einzuteilen. Als letztes Jahr die schwer kranke und hochbetagte Mutter eines Freundes starb, wurde dieser gefragt, ob er eine Obduktion vornehmen lassen wolle, um zu erfahren, ob seine Mutter an einem Gehirnschlag oder einem Herzversagen gestorben war. „Auf keinen Fall", antwortete er, „wozu soll das denn gut sein?" „Um sicher zu gehen, dass auf dem Totenschein auch die tatsächliche Todesursache vermerkt ist", lautete die Antwort.

Jedes Jahr sterben in Schweden etwa 95 000 Menschen; das sind täglich ungefähr 260. Vierzig Prozent sterben an Herz-Kreislauf-Krankheiten, zwölf Prozent durch Selbstmord und die übrigen Menschen aufgrund anderer Krankheiten. Heutzutage kann das Leben künstlich derart verlängert werden, dass es sogar schwer geworden ist, den Eintritt des Todes festzustellen. Anfang der achtziger Jahre sollte eine staatliche Kommission einberufen werden, die den Auftrag hatte, einen „Entwurf eines Gesetzes zur Feststellung des Todes eines Menschen" auszuarbeiten. Physischer und juristischer Tod fallen nicht immer zusammen. Während wir Gesetze über ihn erlassen, wird der Tod zur Ausnahme. „Ich will nicht an einer Krankheit sterben, ich will am Tod sterben", hat einmal jemand gesagt.

Der moderne Mensch hat den Tod zu einer medizinischen Angelegenheit gemacht. Wenn wir sterben müssen, rufen wir nicht den Priester, sondern den Arzt. Heutzutage ist der „gute" Tod schmerzfrei und schnell. Wir legen eine Schicht harter Politur über unser Leiden, das wir als hässlich und sinnlos betrachten. Unsere Angst vor dem Tod sowie unser Schmerz wachsen proportional zu unserem mangelhaften Wissen über ihn.

Die Art und Weise, wie wir in unserer Gesellschaft mit dem Tod umgehen, würde Menschen aus anderen Kulturen staunen lassen. Der Journalist Bobo Scheutz hat beschrieben, was er erlebte, als er einmal das Grab seiner Eltern besuchte. Am Grab nebenan war eine größere Gesellschaft versammelt, die sich auf eine Weise miteinander unterhielt, die unsere Erwartungen an das korrekte Verhalten auf einem Friedhof überhaupt nicht erfüllte: Eine Gruppe Sinti richtete zum Andenken an einen Verstorbenen ein Fest aus. Sie redeten alle durcheinander, lachten und tranken und ließen zwischendurch Wein auf das Grab spritzen. Der Tote nahm an dem Fest teil. Scheutz empfand sowohl Neid als auch Freude und

Verwunderung angesichts dieser intimen, undramatischen und für uns ganz fremden Art, mit dem Tod umzugehen.

Die Kunst zu sterben ist ausgestorben. Trotz der vielen Leichen, die wir unaufhörlich im Fernsehen sehen, haben viele von uns den Tod noch nie aus nächster Nähe erlebt. Dieser Mangel an Erfahrung nährt all unsere Phantasien über den Tod, rückt ihn noch weiter weg und lässt ihn noch abscheulicher erscheinen. Das war nicht immer so. In der Bauerngesellschaft war der Tod eine nicht zu übersehende Realität. Die Leiche wurde im Wohnzimmer aufgebahrt. Das Leichenbier floss in Strömen, als Hilfe, um mit der Trauer umzugehen, und als Symbol dafür, dass das Leben weitergeht. Damals spielten natürlich Kirche und Religion eine ganz andere Rolle als heute. Nur wenige zweifelten daran, dass es ein zweites und besseres Leben nach dem irdischen gab und dass der Tod den Eintritt ins Jenseits bedeutete.

Einmal müssen wir uns unserer Vergänglichkeit stellen. Meist denken wir erst nach unserem fünfzigsten Lebensjahr über den Tod nach. Und manche von uns geraten dann in Panik. Menschen in Panik verhalten sich aber nicht besonders intelligent. Die Angst vor dem Tod ist die Quelle vieler „Fehler“, die einige Menschen im dritten Lebensalter machen. Der Tod erhebt Anspruch auf uns alle. Er stellt für uns eine ständige Möglichkeit dar. Es gehört zur Lebenssituation der Menschheit als ganzer wie auch des einzelnen Menschen, am Rande der Katastrophe zu leben, schreibt Olof Lagercrantz in seinem Buch *Die Kunst des Lesens und des Schreibens (Om konsten att läsa och skriva)*. Weiter sagt er: „Wo auch immer man im Leben steht, der Weg zum Tod ist immer gleich lang. Ebenso verhält es sich mit dem Dasein der Menschheit. Ich verstehe den wehmütigen Blick, mit dem mich junge Menschen anschauen. Ich kenne ihn. Sie wissen nicht, dass ich sie auf dieselbe Art ansehe und ihr bevorstehendes Leben mit demselben Gefühl der Vergänglichkeit messe. Wir alle gehören zusammen.“

In letzter Zeit wurde viel über das Sterben und den Tod geschrieben. 1997 kam ein kluges und unterhaltsames Buch von

Thomas Lynch heraus, der vor dem Hintergrund seiner langen Erfahrung als Bestattungsunternehmer in einer amerikanischen Kleinstadt einen Einblick in die Begräbnisrituale gibt. Wie Taufen und Hochzeiten sind auch Bestattungen ein Ausdruck unseres Wunsches, dem Leben einen Sinn zu geben, es in das Weltall hinauszuschreien, dass wir *Menschen* und keine *Dinge* sind, dass jedes einzelne Leben wertvoll genug ist, erinnert und gefeiert zu werden. Jeder Tod markiert das Ende eines einzigartigen und unersetzbaren Daseins. Jeder von uns ist angesichts des Todes auf sich selbst gestellt, auch in Situationen, in denen mehrere Menschen gleichzeitig sterben. An der Art, wie sich die Menschen um ihre Toten kümmern, meint Lynch, könne man ihren Respekt vor den Gesetzen der Gemeinschaft erkennen. Und er befürchtet, dass die Menschen heutzutage in der Gefahr stehen, in etwas abzugleiten, was er in Entsprechung zu McDonalds ein „McFuneral"-Zeitalter nennt, in dem die praktischen Angelegenheiten bei einem Todesfall mit einem Minimum an Aufwand erledigt werden. Unsere Beziehung zum Tod ist weniger intensiv als früher. Das Monumentale ist zu einem eigenen Problem geworden, das so schnell wie möglich gelöst werden soll. Der Tod braucht seine Rituale, sagt Lynch. Den Brauch, seine eigene Bestattung in die Hand zu nehmen, indem man darüber Instruktionen im Testament erteilt, findet er äußerst fragwürdig. Die Rituale sind für die Lebenden, und es liegt an ihnen, zu bestimmen, wie sie es haben wollen. Die Toten haben damit kaum etwas zu tun, sagt Lynch, der mit Wärme und Einfühlungsvermögen die praktische Seite des Todes beschreibt und uns in den Alltag eines Bestattungsunternehmers einweiht. Indem er sich mit Respekt und Einfühlungsvermögen um die Toten kümmert, dient der Bestattungsunternehmer den Lebenden.

Elisabeth Kübler-Ross hat ein Projekt mit todkranken Patienten beschrieben, in dem sie zu verstehen versucht, was es für einen sterbenden Menschen leichter macht, seine Lage auszuhalten. Es zeigte sich, dass das, was die Sterbenden am meisten beunruhigte, weder der Tod noch die Schmerzen waren, sondern der Gedanke, jemandem zur Last zu fallen. Das, was die meisten von uns mehr beunruhigt als der Gedanke an den eigenen Tod, ist die Vorstellung, dass jemand, den wir lieben, sterben wird und uns alleine lässt. Es zeugt von großer Liebesfähigkeit, einem Menschen, den wir lieben, aufrichtig wünschen zu können, dass er vor uns stirbt. Der israelische Militärpsychologe Ben Schalit interviewte Soldaten kurz vor ihrem Einsatz. Gesunde junge Männer wurden gefragt, wovor sie am meisten Angst hatten. Die meisten von ihnen fürchteten, dass ihre Kameraden fallen und sie mit dem Tod allein lassen würden. Könnte die Angst vor dem Tod in letzter Instanz nicht gerade die Angst vor der Einsamkeit sein, die Angst, nicht mehr dazuzugehören?

Die positive Einsamkeit

Man braucht Zeit, um sich mit Fragen über Leben und Tod zu beschäftigen. Und man muss manchmal still und allein sein dabei. Viele haben Angst davor, mit ihren Gedanken allein zu sein. Sind wir allein und still, so fürchten wir uns davor, dass irgendetwas in unser Ohr flüstern könnte. Deshalb hassen wir die Stille und betäuben uns mit Gesellschaft und Betriebsamkeit, schreibt Nietzsche. Für denjenigen, der es gewohnt ist, auf dem Sprung zu sein, kann der Gedanke, „nichts zu tun zu haben", eine Zumutung darstellen. Er könnte sich schließlich langweilen! Statt sich zu Tode zu langweilen, ziehen es viele vor, zu Tode erschöpft zu sein. Ich stimme Ove Wikström zu, der in einem Rundfunkgottesdienst sagte: „Langeweile ist heutzutage Mangelware."

Das Wort „Alleinsein" lässt zwei Deutungen zu. Während „einsam" an Verlassenheit denken lässt, bedeutet „allein" zu sein, mit sich und für sich zu sein, gewissermaßen eine positive Einsamkeit. Alf Henrikson schreibt dazu:

Man schlendert so gern allein umher,
da tut man, was man will.
Allein die Einsamkeit ist schwer.
Denn einsam ist, wer keinen hat,
mit dem er zusammen sein will.

Nicht alle können der Abgeschiedenheit etwas Positives abgewinnen. Ich glaube, dass man schon als Kind lernt, entweder zufrieden zu sein in bloßer Gesellschaft mit sich selbst oder aber gerade deshalb Angst zu haben. Ein Kind, dass ungestört in seinem Bett liegen und sich seinen Gedanken und Wahrnehmungen hingeben kann in der Gewissheit, dass die Mutter in seiner Nähe ist, lernt als Erwachsener leichter, Einsamkeit als Bereicherung zu empfinden. Die Fähigkeit, allein zu sein, entwickelt das Kind am besten in Gegenwart eines zuverlässigen und geliebten Menschen, der ihm Aufmerksamkeit schenkt, sich ihm aber nicht mit eigenen Bedürfnissen aufdrängt. Das ist ganz anders, als wenn kein Erwachsener in seiner Nähe wäre, und auch ganz anders, als wenn es gehätschelt und bemuttert würde. Das Kind braucht Raum, um sich selbst und seine Möglichkeiten kennen zu lernen.

Manche Menschen verspüren den starken Wunsch, allein zu sein. Jerry Burger von der Santa Clara University, der sich mit dem Thema Alleinsein beschäftigt hat, sagt, dass etwa zehn Prozent der Bevölkerung ein starkes Bedürfnis nach Einsamkeit haben. Dieses Bedürfnis nimmt in der zweiten Lebenshälfte noch zu. Personen mit einem augenfälligen Bedürfnis, allein zu sein, sind keine Eremiten. Im Gegenteil: Sie sind eindeutig sozial veranlagt. An der University of British Columbia betreibt eine Forschergruppe unter der Leitung von Peter Suedfeld physiologisch ausgerichtete Studien über das, was im Körper geschieht, wenn man allein ist. Viele Menschen werden dabei richtig ruhig, die Produktion von Stresshormonen verringert sich, und die Abwehrkräfte nehmen zu. Um diesen Zustand zu erreichen, brauchten die untersuchten Personen unterschiedlich lange und intensive

Perioden des Alleinseins. Auch in der Frage nach der Art des optimalen Alleinseins gab es große Unterschiede. Spazieren gehen, meditieren, auf einer Parkbank sitzen, ins Café gehen, eine Fahrradtour machen, Joggen, eine Entspannungskassette hören – all das sind Beispiele für die verschiedenen Arten, sich zurückzuziehen, um zu entspannen und sich selbst zu begegnen. Einigen Versuchspersonen reichten ein paar Stunden in der Woche, während andere deutlich längere und zusammenhängende Zeitabschnitte brauchten, um aus dem Alleinsein Nutzen zu ziehen.

Darhl Pederson, Forscher an der Brigham Young University, meint, der größte Nutzen des Alleinseins liege darin, dass es dem Menschen Gelegenheit zur Reflexion und zum Nachdenken gebe. Und dies habe eine heilende Wirkung. Die Seele füge „ihre Bestandteile zusammen", und das Ich definiere sich neu. „Bist du allein, gehörst du dir selbst. Bist du mit einem anderen Menschen zusammen, gehörst du dir nur zur Hälfte", schreibt Leonardo da Vinci. Im Alleinsein ist der Mensch sich selbst überlassen. In der Einsamkeit und in der Stille begegnet der Mensch sich selbst – und vielleicht seinem Gott. Wer mag, kann seine Schuhe ausziehen – im eigentlichen wie im übertragenen Sinne – und aus den Rollen des Alltags schlüpfen. Vor allem können wir unsere eigene Stimme hören und den schöpferischen Impulsen in uns eine Chance geben. Wenn wir es schaffen, uns von dem Gedanken zu befreien, dass Stille mit Verlassenheit gleichzusetzen ist, kann in der Zeit, die wir allein verbringen, viel geschehen. Vielleicht stellen wir fest, wie viel von unserem Ich um andere kreist. Vielleicht haben wir bislang in dem Glauben gelebt, ohne gewisse Menschen nicht klarzukommen, und eine Menge Zugeständnisse gemacht, um auch in Zukunft gern gesehen und geliebt zu werden. Vielleicht entdecken wir, dass wir in unserer Rolle als Eltern, Berufstätige oder Partner so sehr aufgehen, dass wir den Kontakt zu unserem eigentlichen Ich verloren haben. Es kann auch passieren, dass wir in der Einsamkeit entdecken, wie viel wir verloren haben: Unser Kind ist ausgezogen, unsere Freunde sind weg, wir haben unsere Arbeitsstelle gewechselt oder eine bestimmte Position hat sich verändert, unsere Eltern sind gestorben oder erkrankt, unser Körper beginnt zu altern. Trennungen und Krankheiten haben ihre Spuren in unserem Dasein hinterlassen, das wir mit so viel Mühe aufgebaut haben und von dem wir arglos glaubten, es würde ewig bestehen. Viele haben so große Angst davor, einsam alt zu werden, dass sie sich auf schlechte Beziehungen einlassen, weil diese immer noch besser scheinen als gar keine Beziehung. In den Stunden unseres Alleinseins wird deutlich, wer wir sind – und wer wir nicht sind. Und auch dem müssen wir uns stellen. Die Begegnung mit uns selbst kann von Angst erfüllt sein, und es gibt unzählige Fluchtmöglichkeiten davor, zur Ruhe zu kommen, nachzudenken und sich der eigenen Kritik zu stellen. Wer das Risiko eingeht und sich für die Einsamkeit entscheidet, kann bisweilen das Glück haben, ein Schwindel erregendes Gefühl des Daseins zu erleben und vielleicht eine Ahnung zu bekommen von dem, was jenseits des bekannten Horizontes liegt. Wir suchen außerhalb nach Antworten, wo sie doch meistens bei uns selbst zu finden sind. Wir rufen nach dem Einfachen und absolut Sicheren, statt zu lernen, dem Unvorhersehbaren zu begegnen. Positive Einsamkeit entsteht nicht von selbst. Wir brauchen Entschlossenheit, Mut und Übung, um sie als Chance zu erleben. Ein paar kleine Handgriffe können uns dabei behilflich sein. Wir können zum Beispiel einmal täglich für einen Augenblick unsere Jacke ausziehen, den Fernseher ausschalten und der Stille nachspüren, bis sich ein Gedanke einstellt. Am Anfang mag uns das künstlich und dumm vorkommen, aber bald gewöhnen wir uns daran, mit uns selbst Umgang zu haben. Wenn das innere Getöse nachlässt, kommen wir mit der Zeit auf den Geschmack der Einsamkeit und lernen, wozu sie gut ist. Und vielleicht werden wir dabei ein bisschen weiser.

Was ist Weisheit?

Was ist Weisheit? Auf Griechisch heißt sie *sophia*, und das Wort „Philosophie" bedeutet „Weisheitsliebe". Weisheit ist „die Eigenschaft, tief in seiner Seele um all die menschliche Torheit außerhalb seiner Seele zu wissen", hat Piet Hein gesagt. Seine Definition spricht mich an. Wenn sich die Weisheit jemals einstellt, so kommt sie aus der Bekanntschaft mit den dunkleren Seiten des Lebens, einschließlich derjenigen in uns selbst. In seinem *Tao Te Puh* bezeichnet Benjamin Hoff die Weisheit kurz und bündig als den „Intellekt, der im Dienste des Mitleids steht". Man kann *intelligent* sein (im Sinne von logisch denken, abstrahieren, Begriffe anwenden) und viel *wissen*; das ist aber keine Garantie dafür, das man auch *weise* ist. Weisheit ist unendlich viel mehr. Während Wissen immer zeitgebunden ist, ist Weisheit zeitlos. Unser Wissen befähigt uns zwar zu entscheiden, *was* wir tun, aber nicht, *wie* wir es tun sollen. Mit Wissen und Intelligenz haben wir Kernwaffen gebaut. Hoffentlich ist es die Weisheit, die uns daran hindert, sie anzuwenden. Weisheit schließt beides ein: kognitive Kompetenz (beispielsweise seine Erfahrungen zu systematisieren, aus seinen Handlungen Konsequenzen auf lange Sicht zu ziehen, d. h. das Wissen des *Gehirns*) und emotionale Kompetenz (zum Beispiel Intuition, Mitmenschlichkeit, Empathie etc., d. h. das Wissen des *Herzens*).

Letzte Weihnachten bekam ich ein kleines Buch über die Weisheit geschenkt. Es war das *Handbüchlein der Lebenskunst* von Epiktet, der bei einem von Neros Günstlingen als Sklave geboren wurde. Mit der Zeit wurde er zu einem der wichtigsten Moralphilosophen der Antike. Abgesehen von einigen Vorlesungen, die seine Jünger mitschrieben (und die in diesem Band gesammelt sind), wissen wir nicht allzu viel über sein Leben. „Ein Teil unseres Daseins steht in unserer Macht, ein anderer nicht. Manche Dinge lassen sich kontrollieren, während andere, so sehr wir es uns auch wünschten, außerhalb unserer Kontrolle liegen", heißt es in der

Einleitung. Eine lebenswichtige Lehre besteht darin, das Mögliche vom Unmöglichen zu unterscheiden und entsprechend zu handeln. Warum ist das so schwer?

Wenn ich es mir mit Epiktet in meinem Sessel bequem mache, höre ich fast seine Stimme in meinem Ohr. Jede einzelne Seite lädt zum Nachdenken ein. Bevor ich das Buch bekam, wusste ich kaum, wer er war. Erstaunlich, wie viel Weisheit es schon gibt, wenn man sich nur die Zeit nimmt, sich an sie heranzutasten. Aber „man kann nicht einen alten Kopf auf junge Schultern setzen", wie meine Großmutter zu sagen pflegte. Menschsein bedeutet, ein ums andere Mal dasselbe Rad zu erfinden und in dieselben Fallen zu tappen. Ich habe mir ein Vergnügen daraus gemacht, einige Sätze Epiktets, die mich besonders berühren, zusammenzutragen. Vielleicht können sie auch dem Leser nützlich sein:

- Wenn du erkannt hast, dass du etwas Bestimmtes tun musst und es dann auch tust, dann scheue dich nicht, dabei gesehen zu werden, auch wenn die Mehrheit dazu neigt, schlecht darüber zu denken.
- Falls du eine Rolle übernimmst, die deine Kräfte übersteigt, so machst du keine gute Figur und hast außerdem das versäumt, wozu du eigentlich fähig gewesen wärst.
- Es ist ein Zeichen mangelhafter Begabung, wenn man sich zu ausgiebig mit körperlichen Dingen beschäftigt, zum Beispiel: zu viel Sport treibt, zu viel isst, zu viel trinkt, zu oft zur Toilette rennt, um sich zu entleeren, und zu oft den Beischlaf ausführt. Statt dessen sollte man diese Dinge nur nebenbei tun, und die ganze Fürsorge sollte auf die Entfaltung deiner Vernunft gerichtet sein.
- Nenn dich niemals einen Philosoph und sprich mit den Leuten auch möglichst nicht über philosophische Überzeugungen, sondern handle danach. Ebenso sag während eines Gastmahls nicht, wie man essen muss, sondern iss, wie es sich gehört.

- Bei jeder Tat prüfe ihre Voraussetzungen und Folgen, und geh erst dann an sie heran. Wenn du das nicht tust, wirst du dich anfangs mit Begeisterung auf die Sache stürzen, da du ja nicht an die Folgen deines Handelns gedacht hast; wenn später aber irgendwelche Schwierigkeiten auftreten, dann wirst du aufgeben und Schimpf und Schande ernten.

Und eine Weisheit, die mir persönlich besonders schwer fällt:

- Jemand wäscht sich eilig. Sag nicht: er wäscht sich schlecht, sondern: er wäscht sich eilig. Denn bevor du dir eine Meinung bilden kannst – woher weißt du denn, ob er schlecht handelt?

Epiktet ging durch die harte Schule des Lebens. Für mich ist er ein weiser Mensch, mit dem ich mich sehr gerne unterhalten hätte. Wie mag er wohl ausgesehen haben? Wie wirkte er auf seine Mitmenschen? Wäre mir seine Weisheit aufgefallen, wenn ich ihn getroffen hätte? Wie stellen Sie sich einen weisen Menschen vor? Denken Sie an jemand Bestimmtes? Was, meinen Sie, lässt Sie glauben, dass gerade dieser Mensch weise ist? In jeder Kultur genießen die Weisen einen besonderen Status. Wenn man verschiedene Kulturen vergleicht, finden sich relativ ähnliche Bilder davon, wie man sich einen weisen Menschen vorstellt. In unserer Gesellschaft stellt man sich unter einem weisen Menschen gewöhnlich einen älteren Menschen (meistens einen Mann) mit entspannten Zügen, festem Blick, grauen Haaren und ruhigen Augen vor. Enthält dieses Bild vielleicht ein Körnchen Wahrheit? Wächst die Weisheit mit zunehmendem Alter? Können junge Menschen auch weise sein? Was zeichnet die Handlungen eines weisen Menschen aus?

Lässt sich Weisheit messen?

In den letzten Jahren sind Psychologen mit Hilfe empirischer Methoden auf die Suche nach Antworten auf solche Fragen gegangen. Anfang der 1990er Jahre wurde unter der Leitung von Paul B. Baltes vom Max-Planck-Institut für Bildungsforschung in Berlin ein groß angelegtes Projekt ins Leben gerufen, dessen Ziel es war (um mit Baltes' eigenen Worten zu sprechen), „der Weisheit auf die Spur zu kommen." Man wollte feststellen, wie sich Weisheit im Alltag ausdrückt. Bevor man etwas messen kann, muss man es zuerst bestimmen, d. h. festlegen, wie man es beschreiben kann. Baltes und seine Mitarbeiter gelangten zu einer Definition, die zwar unscharf war, sich jedoch als praktischer Maßstab für Weisheit eignete. Ein weiser Mensch, sagen sie, hat ein gutes Urteilsvermögen und kann in wichtigen Lebensfragen gute Ratschläge geben. Dies erfordert eine Reihe besonderer Fähigkeiten und Eigenschaften. Um diese herauszufinden, suchten sie Personen auf, die allgemein als vernünftig galten, und beobachteten ihre Reaktion, wenn sie vor ein schwieriges ethisches Problem oder ein existenzielles Dilemma gestellt wurden. Beispiele solcher Situationen sind: a) Eine sechzigjährige Witwe erfährt, nachdem sie ein lang ersehntes akademisches Examen bestanden und eine eigene Firma eröffnet hat, dass sich ihre Schwiegertochter in einen anderen Mann verliebt und ihren Mann mit zwei kleinen Kindern sitzen gelassen hat. b) Ein fünfzehnjähriges Mädchen wird schwanger von einem älteren Mann und will von zu Hause ausziehen, um ihn zu heiraten. c) Ein guter Freund ruft an und sagt, dass er sich gleich umbringen will. „Richtige" Antworten gibt es natürlich keine. Aber einige Menschen scheinen in einer weiseren Art mit solchen Situation umzugehen als andere. Eine typische, als weniger weise geltende Antwort in Bezug auf die Fünfzehnjährige lautet: „Das geht auf keinen Fall. Es ist immer falsch, im Alter von fünfzehn zu heiraten. Man muss dem Mädchen sagen, dass das ausgeschlossen ist. Alles andere kann man nicht verantworten." Eine „weisere" Reaktion könnte lauten: „Äußerlich scheint das ein ganz einfacher Fall zu sein. Die Erfahrung zeigt, das es für die meisten nicht gut ist, so jung zu heiraten. Aber die wenigsten denken über die Ehe nach, wenn sie sich zum ersten Mal verlieben. Man müsste untersuchen, ob diese Situation in irgendeiner Weise Besonderheiten aufweist. Hat das Mädchen eine unheilbare Krankheit? Kommt sie vielleicht aus einem anderen Land mit anderen Traditionen? Man braucht einfach mehr Informationen, bevor man einen Rat geben kann." Die Antworten wurden nach fünf Kriterien beurteilt: 1) *Grundlegendes Faktenwissen*: Konnte der Proband beweisen, dass er die Höhen und Tiefen des Lebens kennt? Sieht er das Problem in seiner gesamten Dimension? Hat er eine Vorstellung davon, wie eine praktische Lösung aussehen könnte? 2) *Wissen, das die Vorgehensweise betrifft*: Konnte der Proband zeigen, dass er das Für und Wider abgewogen hat? Hat er ein Gefühl für den richtigen Zeitpunkt, wenn es darum geht, einen Rat zu erteilen oder nicht? 3) *Das Leben als Ganzes*: Hat der Proband in seiner Antwort Rücksicht genommen auf die Vergangenheit, auf das Leben in der Gegenwart und auf die Zukunft? 4) *Werterelativismus*: Hat der Proband erwogen, wie Unterschiede im Wertesystem und in den politischen und religiösen Auffassungen menschliches Handeln beeinflussen können? 5) *Unsicherheiten tolerieren und mit ihnen umgehen können*: Konnte der Proband zeigen, dass er weiß, dass es keine perfekten Lösungen gibt? Versteht er, dass das Leben viele Unsicherheiten in sich birgt? Hält er das Paradoxe des Daseins aus? Früher legten wir großen Wert auf den IQ eines Menschen (den Intelligenzquotienten = ein Maß für Intelligenz). Nun redet man oft vom EQ (dem emotionalen Quotienten = ein hypothetisches Maß für emotionale und soziale Kompetenz). Kann man in der Zukunft vielleicht mit einem WQ rechnen, d. h. mit einem Maß für die relative Weisheit eines Menschen?

Unser Weg zur Weisheit hängt von folgenden Faktoren ab: *Alter, wichtige Beziehungen* (zu einem Partner, Freund oder

Mentor), *Arbeit (*wer in seiner Arbeit Stellung zu schwierigen menschlichen Fragen beziehen muss, z. B. als Psychologe, Arzt oder Priester, kann gegenüber anderen im Vorteil sein) sowie *Erfahrung durch wichtige Ereignisse im eigenen Leben oder persönliche Krisen*, was bedeuten kann, dass man sein eigenes Dasein aus gebührendem Abstand betrachten und die Fähigkeit entwickeln kann, die verschiedenen Dimensionen des Lebens gleichzeitig im Blick zu behalten.

Auch weise Menschen zweifeln, und äußerst wenige machen von ihrer Weisheit tatsächlich Gebrauch. Was also in der Untersuchung die Weisen von den Übrigen unterschied, war die Tatsache, dass Erstere besser mit der eigenen Inkonsequenz zurechtkamen und sich ihre eigenen Mängel leichter vergaben. Außerdem waren sie flexibler und verstanden, wann sie besser schweigen sollten. Das erinnert mich an ein Gebet um Weisheit, das wir in der Schule gelernt haben:

> Die weise Eule schaut sich um.
> Je mehr sie schaut, umso mehr wird sie stumm.
> Je stummer sie wird, umso schärfer sie hört.
> Gott, gib, dass ich wie dieser Vogel werd'.

Manchmal sind wir meilenweit entfernt von der Weisheit. So ging es mir letztes Jahr im Spätsommer. Es war einer jener besonders schönen Tage, die einen nach Regen und Kälte überraschen. Ein Tag, an dem man seinen Kaffee wieder draußen trinken konnte und es schien, als wäre es noch immer Sommer. Auf der Rückseite unseres Landhauses hatten wir eine breite Treppe bauen lassen, von der aus wir eine wunderbare Aussicht auf das Meer haben. Bis spät in den Tag hinein scheint die Sonne auf die Treppe, und an jenem Tag wollte ich mich dorthin setzen und Kaffee trinken. Gegen elf Uhr wäre eine gute Zeit dafür gewesen, ich aber entschloss mich, erst die Betten zu machen, und dann dachte ich, ich könnte genauso gut auch die Bettwäsche wechseln und nicht noch bis morgen damit warten. Da ich sowieso dabei war, setzte ich noch die Waschmaschine in Gang und sortierte anschließend einen riesigen Wäschekorb. Als ich damit fertig war, verschwand die Sonne gerade hinter dem Haus. Meine heiß ersehnte Stunde auf der Treppe hatte sich in nichts aufgelöst. Und am Tag darauf regnete es.

Häufig werden Weisheit und Alter gleichgesetzt, und das sicher zu Recht, meint Baltes. Ein hohes Alter ist zwar keine Garantie für Weisheit. Doch werden wir mit den Jahren kaum dümmer. Gewisse Eigenschaften (wie die Erinnerung oder die Fähigkeit, Farben zu unterscheiden oder uns Wissen anzueignen) funktionieren, wenn man älter geworden ist, mit größerer Sicherheit, und es ist schwer, diese Art von Wissen noch zu steigern. Bis zu einem gewissen Grad kompensiert es das, was im Alter schlechter wird. Baltes hebt den Pianisten Arthur Rubinstein als leuchtendes Beispiel dafür hervor, dass er seine Karriere im hohen Alter dank dreier Strategien vorantrieb: Er spielte weniger Stücke, er übte jedes Stück länger ein und drosselte das Tempo kurz vor den schnellen Passagen, so dass es klang, als würde er schneller spielen, als es in Wirklichkeit der Fall war.

Ein Aspekt von Weisheit besteht darin, seine tatsächlichen Möglichkeiten und seine Lebenssituation anzunehmen und das Beste aus ihr zu machen, d. h. nicht gegen das Unausweichliche anzukämpfen, sondern mit ihm zusammenzuarbeiten. Mehr als die Hälfte derjenigen, die in Baltes' Untersuchungen gute Weisheitszensuren bekamen, waren über sechzig. Daraus schlussfolgerte er, dass wir innerhalb der nächsten fünfzig Jahre – in Form von älteren Menschen – die höchste Weisheitsreserve haben werden, die es jemals auf der Welt gab. Sind wir fähig, diese Ressource zu nutzen? Werden wir sie jemals entdecken?

Ein bemerkenswertes Ergebnis der Untersuchung von Baltes lag auch darin, dass die Menschen es leichter hatten, eine kluge Entscheidung zu treffen, wenn sie zuvor mit jemandem reden konnten. Diejenigen, die zehn Minuten reden durften und dann zusätzliche fünf Minuten zum Nachdenken hatten, waren viel besser als diejenigen, die diese Möglichkeit nicht bekamen. Dies galt für alle Alterskategorien, aber besonders für die mittleren Jahre. Kann es sein, dass wir ein potenzielles Weisheitspotential besitzen, das wir aber erst dann nutzen können, wenn wir in einen Dialog treten?

Weisheit lässt sich kaum mit Hilfe von Untersuchungen messen, und wir sind sicherlich geneigt, uns über diesen etwas ungeschlachten Versuch, das Unmessbare einzufangen, lustig zu machen. Gleichzeitig ist es erfreulich, dass sich die Wissenschaftler an existenzielle Fragen heranwagen und sich damit mit dem zutiefst Menschlichen, das für unser Leben wirklich Bedeutung hat, beschäftigen.

„Das Alter hebt die Nuancen der Persönlichkeit hervor. So wie eine Frucht heranreift, tritt mit der Zeit ein Individuum in Erscheinung. Depression, Alter und Individualität gehören zusammen: Die Trauer darüber, alt zu werden, ist ein Teil von dem, was es bedeutet, ein eigenes Individuum zu werden. Melancholische Gedanken schaffen einen inneren Raum, in dem die Weisheit ihren Platz findet." Diese Worte stammen aus dem Buch *Die Seele lieben* von Thomas Moore. Das dritte Lebensalter bietet eine neue Chance, sich mit Sinn- und anderen Lebensfragen auseinander zu setzen und Klarheit über seine Werte und seine Identität zu gewinnen. Und das heißt: in der Weisheit zu wachsen.

6 Wozu ist das Leben gut?

Das Leben ist voller Spalten, Fenster und Türen, die es uns ermöglichen, einen Blick zu erhaschen von dem Ewigen, das hinter der Oberfläche des Zeitlichen liegt. Es sind oft kurze Augenblicke, seltene Gefühle der Ehrfurcht, die sich überraschend einstellen."

C. G. Jung

Zwischen Himmel und Hölle

An einem Tag im Sommer wurde ich morgens vom Gesang der Vögel wach. Die Sonne ging gerade auf, und vom Meer drang das Tuckern eines Fischerbootes herüber. Im Bett neben mir lag mein Mann und bewegte sich leicht im Schlaf. Am Tag zuvor waren unsere Gäste heimgefahren. Der heutige Tag sollte ruhig werden. Auf dem Fensterbrett lag ein Buch, das ich schon lange lesen wollte. Ein Stuhl wartete darauf gestrichen, ein Strauch gepflanzt zu werden, wir wollten Brot backen und ein Paket auf die Post bringen. Ausgeschlafen und glücklich sah ich den Aufgaben des Tages entgegen, doch zuerst wollte ich durch das feuchte Gras zum Briefkasten gehen, die Zeitung holen und sie bei einer Tasse Tee auf der Treppe mit Blick aufs Meer lesen. Genüsslich räkelte ich mich im Bett und streckte meine Hand aus, um nach dem Fläschchen mit den Augentropfen zu greifen, die ich immer beim Aufstehen nehme. Eine Sekunde später merkte ich, dass ich mir statt der lindernden Augentropfen eine ätzende Flüssigkeit in die Augen gegeben hatte. In jenem Moment änderte sich mein Sommer, und alle Pläne zerschlugen sich. Weder machte die Tatsache, dass ich nicht mehr sehen konnte, noch die rasende Fahrt in die Notaufnahme noch die höllischen Schmerzen den größten Eindruck auf mich. Vielmehr war es die Einsicht, dass selbst in den Momenten, wo wir uns sicher fühlen, Angst und Verlust drohen. Was könnte schöner sein, als seinen Tag neben dem, den man liebt, zu beginnen, an einem Ort ohne jede Gefahr? Trotzdem war es gerade an diesem Ort, dass an jenem Morgen meine kleine Welt zusammenbrach. „Das gibt einem ja wirklich zu denken“, sagte die Nachbarin, die, als wir ins Krankenhaus fuhren, wie jeden Morgen gerade im Meer baden wollte. Das Beil kann jederzeit fallen und die Grundlage unseres ganzen Lebens verändern. Das Dasein ist zerbrechlich, und es gibt Augenblicke, in denen uns die Gefahr nahe kommt und uns dazu zwingt, unseren Kurs neu zu bestimmen.

Ich glaube, es ist üblich, dass man im dritten Lebensalter so denkt. Es passiert so oft, dass Dinge anders verlaufen, als man es sich vorgestellt hatte. Dem Schauspieler Christopher Reeve (der als „Ironman“ bekannt geworden ist) widerfuhr das Unglück, durch einen Reitunfall vom Hals abwärts gelähmt zu sein. Er erzählt in seiner Autobiographie, dass er auf den Kopf gestürzt wäre, wäre er nur eine Idee weiter links hingefallen. Wäre er hingegen weiter rechts gefallen, wäre er vermutlich mit ein paar blauen Flecken davongekommen. So schmal kann die Grenze zwischen Himmel und Hölle sein. Trotz des schicksalsschweren Unfalls strahlt er Dankbarkeit aus und ist froh, dass er den Unfall überlebte. Genauso erlebte ich Dankbarkeit und einen richtigen Freudenrausch darüber, dass ich gesund war, als ich nach einigen Wochen wieder sehen konnte. Wenn man aber vom Alltag erdrückt wird und die Gefühle abstumpfen, fällt es leicht, wieder zu vergessen, dass nichts selbstverständlich und jeder neue Tag eine Gnade ist.

Ovid erzählt folgende Geschichte über die Dankbarkeit. Sie handelt von der wunderschönen Läuferin Atalanta, die viele gerne geheiratet hätten. Ihr aber hatte das Orakel geraten, sich vor der Ehe in Acht zu nehmen. Deshalb wettete Atalanta mit ihren Gefolgsmännern: Derjenige, der sie besiegte, sollte sie zur Frau bekommen, die Verlierer jedoch müssten mit ihrem Leben zahlen. Als der junge Hippomenes sah, dass die nackte Atalanta wie der Wind lief, verliebte er sich sofort in sie und flehte die Liebesgöttin Venus an, ihm zu helfen. Venus gab ihm einen goldenen Apfel, den er Atalanta vor die Füße werfen sollte, um sie von ihrem Lauf abzulenken und vom Ziel abzubringen. Der Apfel rollte vor ihre Füße, Atalanta geriet ins Stocken, Hippomenes gewann, und sie heirateten. Aber das Glück währte nur kurz. In seiner selbstzufriedenen Freude vergaß Hippomenes, Venus zu danken, die als Strafe ihn und seine Geliebte in Löwen verwandelte.

Wir geizen gerne mit Worten wie Gnade, Dankbarkeit, Segen, Vergebung und Leid, weil sie so mächtig klingen. Auf die Frage „Über welche Lebensfragen denken Sie nach?" antworteten 77 Prozent „Einsamkeit, Leid und Tod", 65 Prozent „der Sinn des Lebens" und 42 Prozent „spirituelle Fragen". Nach fünfzig entdecken viele die Sinnfragen, und es ist nicht ungewöhnlich, dass ein schlummerndes Interesse für Literatur, Musik, Kunst, Religion und Spirituelles wach wird. In dieser Zeit sucht man gerne nach neuen Wegen, die zur eigenen Tiefe führen, und erforscht die Stille. Nachdem man ein halbes Leben und mehr gelebt hat, weiß man, dass das Rationale und Erklärbare die eine, aber noch lange nicht die einzige Dimension ist, in der wir uns bewegen. Und wir wissen, dass die Vernunft einschränken kann. Wenn man sich vom Rätsel des Daseins begeistern und verzaubern lässt und das, was man bislang für sicher hielt, in Frage stellt, kann die Seele nach fünfzig eine Wiedergeburt erleben. „Die Wahrscheinlichkeit, dass sich die Moleküle zu einer lebenden Zelle zusammenfinden, ist genauso groß wie diejenige, dass ein Orkan über einer Mülldeponie eine Boeing 747 zusammensetzt. Trotzdem sind wir da!", sagt der Kosmologe Fred Hoyle. Es gibt so vieles, was wir nicht verstehen, und selbst die besten Theorien haben ihr Verfallsdatum. „Fliegende Maschinen sind ein Ding der Unmöglichkeit", behauptete einmal der amerikanische Astronom und Mathematiker Simon Newcomb, und ein englischer Arzt namens L. E. Hill sagte 1912 mit felsenfester Überzeugung: „Die Reinheit der Luft hat keinerlei Bedeutung für die Gesundheit des Menschen!" Die Geschichte der Wissenschaft ist voller Beispiele eines gefährlichen Übermuts, der der Neugier und der Schaffensfreude den Garaus macht. Wenn die Jahre im dritten Lebensalter verstreichen, zwingt man sich dazu, sich Veränderungen anzupassen, ob man sie erwartet hat oder nicht, ob sie innerhalb oder außerhalb der eigenen kleinen Sphäre stattfinden. Darin liegt etwas Gutes, denn auf diese Weise wird man genötigt nachzudenken. Wenn der Wind der Veränderung weht, stellen manche einen Windschutz auf, während andere Windmühlen bauen, besagt eine chinesische Weisheit. Wir haben die Wahl: Entweder bäumen wir uns gegen das Neue auf, oder wir beugen uns dem Unabwendbaren und finden darin vielleicht einen tieferen Sinn und neue Kraft. Existenzielle Überlegungen wie die Frage, woher wir kommen, warum wir hier sind und wohin wir gehen, bewirken sowohl Angst als auch Staunen. Wir kennen die Gefahr, Dinge aufzuschieben, und verraten uns täglich selbst durch die Hybris, die hinter Worten liegt wie „Morgen sehen wir weiter", „Ich mache das später", „Lass uns ein andermal darauf zurückkommen". Wir haben keine Ahnung, was passieren wird, wir bilden uns lediglich etwas ein. Trotzdem ist es so leicht, der Versuchung nachzugeben, so zu leben, als wäre das Leben unbegrenzt und garantiert sicher. Voriges Jahr wollte ich neue Töpfe kaufen. Ich erinnere mich nur zu gut, wie ich im Laden stand und die schweren, teuren Kupfertöpfe in die Hand nahm, die ich im Laufe der Jahre immer wieder hatte kaufen wollen. Jetzt konnte ich sie mir leisten, wenn ich wollte. Ich drehte und wendete sie hin und her, lief noch einmal durch den Laden und nahm sie wieder in die Hand. Dann ging ich – unverbesserlich – mit der billigen Variante zur Kasse. Die tun's für eine Weile auch, jetzt habe ich es eilig, ich muss noch ein wenig überlegen und kaufe inzwischen die hier, die anderen kaufe ich ein anderes Mal. Wird es aber dieses „andere Mal" überhaupt geben? Wie lange hält denn ein Topf? Ist es nicht vielleicht so, dass es die Kupfertöpfe länger gibt als mich selbst? War es dieser Gedanke, den ich von mir weisen wollte, als ich die weniger widerstandsfähige Variante kaufte? In banalen Fragen steckt oft mehr, als man auf den ersten Blick meint.

Warum denn so eilig?

„Liebe Freunde, ich wollte eigentlich einen Brief schreiben statt einer Karte, aber ich hatte keine Zeit. Ich wollte gerne erzählen, was in meinem Leben passiert, aber ich hatte keine Zeit. Ich wollte euch zum Abendessen einladen, aber ich hatte keine Zeit. Ich wollte gerne anrufen, aber ich befürchtete, dass dies zu viel Zeit in Anspruch nehmen würde. In Eile, Jane." Diese Sätze auf einer Postkarte zitiert ein Artikel als Ausdruck für den Zeitgeist. Unsere Art zu leben fordert uns dazu auf, uns die Zeit zum Feind zu machen und diesen um jeden Preis zu überlisten. Unsere Alltagsgeschäfte fressen uns auf. Wir fahren hin und her, schaffen und tun, sind Gefangene der Routine und bewegen uns in immer engeren Kreisen. Neulich las ich, dass eine neue Esskultur entstanden sei: das Häppchen-Essen. Wir essen, wann es uns gerade passt und was sich gerade anbietet. Manche essen bis an die zwanzigmal am Tag. Was wir dabei nicht tun: Wir versammeln uns nicht mehr regelmäßig um den Tisch. Dazu haben wir keine Zeit. „Schnell" ist zu einem positiv besetzten Begriff geworden. Schnellimbiss. Schnelleinkauf. Schnelle Autos. Schnellreinigung. Schnellentwicklung. Schnelle und schmerzfreie Zufriedenstellung in allen Lebensbereichen. Ein Hoch auf die Schnellen! Nieder mit den Langsamen! Wir müssen Zeit sparen. Doch fragen wir uns nicht, wozu. Unsere Seele kommt bei dem Tempo gar nicht mehr mit, und in all dem Durcheinander taucht der Verdacht auf, dass wir vielleicht irgendwo unterwegs unsere „Lebenspointe" verpasst haben. Trotz aller Zeit sparenden Geräte haben wir heute weniger Zeit als unsere Eltern früher. Und die, die wir haben, nutzen wir schlecht, da wir alle von der „Auf-die-Uhr-schau-Krankheit" befallen sind. Wie lange brauche ich, um fertig zu werden? Wie viele Stunden bleiben mir bis zum nächsten Projekt? Wie lange muss ich warten? Wann komme ich dran? Wir verlieren unendlich viel Zeit damit, uns Sorgen zu machen, dass wir keine Zeit haben. In der Zwischenzeit, unberührt von unseren Gebeten und Beschwörungen, geht die Zeit dahin. Oder sind wir es?

Es narrt und trügt uns das Gefühl,
dass Stunden und Jahre vergehen.
Die Zeit, die Zeit steht still.
Nur wir müssen weitergehen.

So schreibt der kluge Alf Henrikson. Die Zeit ist eine Ressource, die es immer gibt und die wir entweder gebrauchen oder missbrauchen. Wir haben die Wahl. Wir haben keine Macht über die Zeit, aber sehr wohl darüber, wie wir sie nutzen. Wir müssen in der Zeit leben, doch das ist kein Fluch. Indem wir die Zeit ernst nehmen, uns ehrlich auf sie einlassen und sie nutzen, können wir eine Art Ewigkeit entdecken. Das zumindest meint Wilfried Stinnissen, der ein Buch über Zeit und Ewigkeit geschrieben hat. Seiner Meinung nach herrscht hier kein gegensätzliches Verhältnis. Die Zeit ist flüchtig und trotzdem voll von etwas, das Bestand hat. Wenn wir das verstehen und die Zeit, die vergangen ist, nicht festzuhalten versuchen, können wir Freiheit und Frieden erleben. Alles hat seine Zeit. Er beschreibt, wie wichtig es ist, „sich der Länge nach in das Jetzt zu legen" und alles seinen Lauf nehmen zu lassen. Wenn wir in der Wirklichkeit leben, die *gewesen ist* oder von der wir meinen, sie *werde kommen*, verlieren wir den Tag, der gerade *ist*. „Tu, was du tust", lautet eine alte Weisheit. Wenn du isst, dann iss und blättere nicht in der Zeitung. Wenn du spazieren gehst, dann geh spazieren. Wenn du jemandem zuhörst, dann höre ihm zu. Wenn du schläfst, dann schlafe. Konzentriere dich auf das, was du tust, und sieh zu, dass sich all deine Kräfte auf die Aufgabe richten, die du im Augenblick wahrnimmst. Eigentlich gibt es immer nur eines zu tun. Wir brauchen nicht so verzweifelt schnell in die Zukunft zu laufen; die Zukunft kommt ganz von selbst. Stinnissen beschreibt das Jetzt als einen flüchtigen Punkt zwischen der vergangenen und der zukünftigen Zeit, als einen Augenblick, der uns ständig entgleitet und den wir nie greifen können. Vergangenheit und Zukunft sind eingeschlossen in dem, was jetzt ist. An den Höhepunkten des Lebens scheint die Zeit still zu stehen. Der Betrachtende und das Betrachtete, der Liebende und der Geliebte verschmelzen miteinander und werden für einen kurzen Augenblick eins. Theoretisch ist es leicht zu verstehen, warum es wichtig ist, im Jetzt zu leben. In der Praxis meiden wir das Jetzt konsequent, indem wir uns zu Tode hetzen und in Gedanken ganz woanders sind als in der Gegenwart. In einer Radiosendung regte der Theologieprofessor Ove Wikström seine Zuhörer dazu an, sich ab und zu einen Medien-Fastentag zu gönnen und sich zu trauen, langsam zu sein. Wir müssen nicht immer für alles und jeden in die Bresche springen. Auch Langsamkeit und Stille haben ihre Zeit.

Stress gehört zur Angst vor Misserfolg. Es ist die Angst, es nicht zu schaffen, nicht mitzukommen, nicht zu taugen, nicht zu genügen und in einem tieferen Sinne die Angst, nicht *dazuzugehören*, wenn man nicht *dabei* ist. Sich entspannen, aufstehen und loslassen, damit aufhören sich *befördern* zu lassen und stattdessen die *Kunst des Reisens* erlernen, bedeutet, loszulassen und zuzugeben, dass wir – ganz gleich, wie sehr wir auch hetzen – nie ganz sicher sein können, wo wir schließlich landen.

Das Gegenteil davon, hierhin und dorthin zu hetzen, heißt: unserem eigenen Tempo zu folgen und unser eigenes Gleichgewicht zu entdecken. Nicht immer ist der schnellste Weg der beste. Menschen haben unterschiedliche Rhythmen, und das müssen wir respektieren. Wenn wir gestresst und gehetzt sind, ist es uns kaum möglich, zu unserem persönlichen Tempo zu stehen. Vor lauter Sorge, dass wir das, was wir vorhaben, nicht schaffen, wird für uns der Maßstab der anderen wichtiger als unser eigener. „Wie viel schafft *er*?", „Wie tüchtig ist *sie*?", fragen wir statt: „Was kann *ich*?". Spannung und Stress entfremden uns von uns selbst; wir verflüchtigen uns und werden oberflächlich. In diesem Zustand handeln wir mechanisch und unreflektiert, lassen uns schnell in etwas hineinziehen und sagen Dinge, die wir nicht so meinen. Wenn wir gestresst sind, werden wir uns selbst fremd. Deshalb müssen wir Acht geben:

Achte auf deine Gedanken: Sie werden zu Worten.
Achte auf deine Worte: Sie werden zu Taten.
Achte auf deine Taten: Sie werden zu Gewohnheiten.
Achte auf deine Gewohnheiten: Sie werden zum Charakter.
Achte auf deinen Charakter: Er wird zu deinem Schicksal.

Irgendwo habe ich diese Zeilen gelesen und sie mir gemerkt.

So mancher arbeitet heute härter, da er seinen Laptop mit nach Hause nehmen und in sein Mobiltelefon sprechen kann – Augenblicke, in denen er es sich sonst gegönnt hätte, seine Ruhe zu haben. Heute sind wir mehr oder weniger überall erreichbar. Dass man seine E-Mails liest, noch bevor man morgens seinen Kaffee getrunken hat, ist zumindest in den USA schon zur Gewohnheit geworden, genauso wie man in seiner Mittagspause zur Massage geht, um seinem kaputten Rücken und seinen schmerzenden Gliedern vorübergehend Linderung zu verschaffen. Wir dachten, dass wir durch E-Mails Zeit sparen würden. Die Wahrheit ist jedoch, dass wir dabei sind, zu Sklaven unserer Kommunikationsmittel zu werden. Es gibt bisher keinen überzeugenden Beweis dafür, dass uns die elektronische Kommunikation effektiver macht oder stressfreier leben lässt. Leider sind wir so daran gewöhnt, unter Druck zu leben, dass wir es gar nicht merken.

Natürlich sind Menschen unterschiedlich belastbar. Was für den einen Stress bedeutet, ist für den anderen eine Herausforderung und für den Dritten eine Katastrophe. Auch haben wir es unterschiedlich schwer, unser Gleichgewicht wiederzufinden. Die Stressreaktionen von Frauen und Männern sind in etwa gleich, jedoch gibt es immer noch unterschiedliche, geschlechtsspezifische Stressquellen. May Blom und Kristina Orth-Gomer vom Krankenhaus Huddinge haben eine Untersuchung durchgeführt und dabei herausgefunden, dass die größte Ursache für Stress bei Frauen die Beziehungen innerhalb der Familie sind.

Hingegen stellt die häufigste Ursache für Stress bei Männern ihre Arbeit dar, vor allem dann, wenn sie das Gefühl haben, die Kontrolle verloren zu haben, oder wenn ihnen ihre Arbeit keine ausreichende Herausforderung bietet.

Auch was beide Geschlechter als Entspannung betrachten, unterscheidet sich voneinander. Gestresste Männer ziehen Bewegung, einen Drink oder Sex vor, während Frauen ein langes warmes Bad nehmen, mit Freunden telefonieren oder einen Einkaufsbummel machen. An der Universität Berkeley in den USA hat man Veränderungen in der Arbeits- und Freizeitgestaltung untersucht und kam zu dem Ergebnis, dass viele Menschen *in der Arbeit* Schutz vor dem Stress *zu Hause* suchen und nicht umgekehrt. Jeder dritte Vater und jede fünfte Mutter, die an diesem Forschungsprojekt teilnahm, betrachtete sich selbst als arbeitssüchtig. Ein Drittel der Befragten gab an, sie wollten *nicht weniger*, sondern *mehr* Zeit bei der Arbeit verbringen. Nur wenige wünschten sich mehr Freizeit. Das idyllische Bild vom amerikanischen Heim als geschütztem, gemütlichem Ort geriet dabei ernsthaft ins Wanken, und ein Schreckensszenario erstand: schlecht gelaunte Ehepartner, trostlose Stunden vor dem Fernseher mit dem Kopf voll von dem, was in der Arbeit erledigt werden muss, Haustiere, die Zeit in Anspruch nehmen, und schreiende Kinder. Glaubt man dieser Untersuchung, dann wollen die Menschen von zu Hause weg und nicht nach Hause hin. Ein Angebot für Telearbeit von zu Hause aus stand nicht besonders hoch im Kurs. In den USA leiden 32 Millionen Menschen unter Angst und Unruhe, dem am weitesten verbreiteten psychischen Leiden. Es stellt sich die Frage, ob das auch bei uns geschehen wird. Als Gegengewicht zu Hetze und Unzufriedenheit möchte ich einige Strophen aus einem Gedicht von Bertil Gedda mit dem Titel *Stille* zitieren:

Deine eifrig tastenden Hände
ließen dich in die Irre schweifen.

Erst als du die Stille lerntest,
konntest du begreifen.

Erst als dein Gehör, das gespannte,
kein einziger Ton mehr traf,
hörtest das Meer du brausen
fern am Haff.

Die Suche nach dem Sinn

Irgendwann in der zweiten Lebenshälfte beginnen wir anders zu denken. Das Leben hat bereits tiefe Spuren hinterlassen. Wir haben viel erlebt und beginnen vielleicht, uns etwas müde und abgespannt zu fühlen. Zu diesem Zeitpunkt haben sich wahrscheinlich die meisten von uns von der Erwartung befreit, dass jede Geschichte glücklich enden muss. Mit anderen Worten: Wir verfügen über ein gediegenes Wissen vom Leben und sind uns dessen bewusst, dass die Zeit das Teuerste ist, was wir besitzen. Im Gedicht *Am schönsten ist die Dämmerzeit* schreibt Pär Lagerkvist:

Am schönsten ist die Dämmerzeit.
Alle Liebe, die der Himmel streut,
sammelt sich als dunkles Licht
über der Erde,
über jedem Gesicht.

Alles ist Zärtlichkeit, liebkosende Hände.
Der Herrgott selbst hebt auf die fernen Strände.
Alles ist nah und alles ist weit.
Alles ist dem Menschen
Geliehen auf Zeit.

Alles ist meins und wird mir genommen,
bald schon wird alles mir genommen.
Baum und Wolke, Weg und Flur.
Wandern werd ich –
allein, ohne Spur.

Diese Worte mahnen an die kurze Zeit, die wir zur Verfügung haben, und daran, dass wir selbst und kein anderer darüber entscheiden, wie wir diese Zeit nutzen. In seinem letzten Interview erzählt der Schriftsteller Dennis Potter von einem Obstbaum, den er von seinem Krankenbett aus sah. Plötzlich, an einem Morgen, war der Baum in ein Meer von anmutigen weißen Blüten verwandelt, und Potter wurde schlagartig bewusst, dass er diesen Baum niemals zuvor gesehen hatte. Und dass er ihn auch nie wieder sehen würde. Täglich verwandelt sich alles. Jedes Mal, wenn wir aufwachen, ist es ein anderer Baum, über den wir nachsinnen können, ein neues Gesicht, das wir im Spiegel sehen. Jeder Ort, jedes Ding, jede Person ist gekennzeichnet von ganz besonderen Eigenschaften, die in eben jenem Moment gelten und jeden Augenblick und jede Begegnung einzigartig machen. Es ist so leicht, aus Versehen alle Momente des Lebens zu einem trüben Nebel voller Nichtigkeiten verschmelzen zu lassen. Wir werden uns erst dann des Schatzes bewusst, der im Alltag verborgen ist, wenn er uns aus den Händen gerissen wird, zum Beispiel, wenn wir einen Unfall haben oder jemanden verlieren, den wir lieben. Das sind Augenblicke, in denen die Welt zusammenbricht und unsere Zerbrechlichkeit offenbar wird, Momente, in denen wir nach einem Sinn suchen, der uns Schutz gewährt. Nun sehen wir auch, wie machtlos wir sind. Ganz gleich, wie eigensinnig wir auch an der Vorstellung festhalten mögen, dass wir der Mittelpunkt der Schöpfung sind, so kommen wir doch nicht an der Erkenntnis vorbei, dass wir vieles nicht kontrollieren können und unser Platz in der kosmischen Ordnung äußerst bescheiden ist. „Die Menschen und das Universum. Von der Bedeutungslosigkeit zur Erhöhung. Und von der Erhöhung zu einer noch größeren Bedeutungslosigkeit. In diesem Prozess hat Gott seine Kapazitäten ausgeschöpft. Doch uns fehlt noch immer das Vermögen, das Ausmaß unserer Bedeutungslosigkeit zu erfassen. Darin liegt der einzige Trost, der uns bleibt", schreibt Willy Kyrklund.

Sich für das zu entscheiden, was man wertschätzt, und dann den Mut haben, es in die Tat umzusetzen, ist im dritten Lebensalter lebenswichtig. Es ist eine intensive Arbeit, die mehrere Jahre in Anspruch nehmen kann. Dabei geht es darum, unser Leben als Ganzes zu sehen und eine Ahnung davon zu bekommen, dass unsere Existenz in einen Zusammenhang eingebettet ist, der größer ist, als wir jemals begreifen können – dass alles Leben in einem Stück gewebt ist. Einer von vielen, die versucht haben, dieses Erlebnis zu veranschaulichen, ist der dänische Arzt Søren Vendegodt: „Der Sinn des Lebens besteht für mich darin … sich ganz in die Gewalt des Lebens zu geben und den großen Mächten, die das Leben lenken, zu dienen: den Mächten, die unser Leben erschaffen, es verwandeln und aufrechterhalten. Ich stelle mir vor, dass es eine grundlegende Ordnung geben muss, eine Intelligenz oder einen kreativen Prozess, die alles, was existiert, erschafft und erneuert. Es gibt auch noch etwas, das tiefer ist, etwas, das man aus guten Gründen das Geistliche oder Spirituelle nennen kann. Aber hier sind wir fast an dem Punkt angelangt, wo die Worte nicht mehr ausreichen. Wir können mit der Sprache nicht tiefer vordringen." Vielleicht müssen wir uns der Kunst bedienen und uns durch Gedichte, Bilder oder Musik ausdrücken. Die Energie, die uns vorantreibt, besteht im Grunde aus der Liebe zum Leben und dem tiefen Lebenswillen, der in unserer Sehnsucht, unseren Wünschen, unseren Träumen, Zielen und Absichten Gestalt annimmt. In einer Untersuchung zum Thema Lebensqualität befragte Vendegodt 10 000 Dänen, wie glücklich sie mit ihrem Leben sind. Es zeigte sich, dass es den Direktoren nicht besser ging als den Handwerkern und denjenigen, die über ein solides Wissen verfügten, nicht besser ging als denjenigen, die keine höhere Bildung besaßen. Schließlich fielen also weder Geld noch Macht noch Wissen ins Gewicht, obwohl wir dazu angehalten werden, eben diesen Zielen nachzujagen. Bemerkenswert viele der Befragten legten besonderen Wert auf eine angenehme Arbeit, auf gute Beziehungen zu ihren Nächsten sowie auf eine gesunde Selbstannahme. Auch das, was die Menschen im dritten Lebensalter am meisten vermissten, waren weder Intelligenz noch Intuition, sondern ein gutes Selbstvertrauen. Wenn dieses fehlt, können wir uns nämlich nicht einmal mehr unserer Ressourcen und Qualitäten bedienen und beginnen zu leiden.

Die Suche nach dem Sinn kann von einer gewissen Trauer begleitet sein, die sich auf verschiedene Weise ausdrückt. Je nachdem, wie man mit seiner Trauer umgeht, kann diese zu Resignation und Begrenzung oder zu einer Erweiterung der inneren Landschaft führen, die eine der Voraussetzungen für die Weisheit darstellt. Für gewöhnlich verbindet man Trauer mit Verlust durch Tod. Alles jedoch, was dazu führt, das wichtige Bindungen verloren gehen und ein Leerraum entsteht, kann verschiedene Arten von Trauerreaktionen hervorrufen. Seine Arbeit zu verlieren, eine Beziehung, eine Gruppenzugehörigkeit, eine Wohnung, ein Tier, eine Körperfunktion, ein Selbstbild oder eine bestimmte Fähigkeit – all das kann Trauer auslösen. Genauso wie die Einsicht in ein brachliegendes Potential oder in Möglichkeiten, die nie verwirklicht wurden. Ob man nun über das trauert, was verloren ging, oder über das, was nie verwirklicht wurde – beides bedeutet Trauer über diejenigen Teile der Persönlichkeit, zu denen man keinen Zugang mehr hat. Physischer Verlust – eine Brust, der Gehörsinn, das Augenlicht, die Bewegungsfreiheit oder das Erinnerungsvermögen – kann außerdem die Trauer über die zerbrochene Illusion der eigenen Unversehrtheit mit einschließen.

Manchmal kommt die Trauer ohne ersichtlichen Grund. Angesichts der Zeit, die einmal war und nun vergangen ist, kann man von Wehmut ergriffen werden. Das Leben spielt in Molltönen, ohne dass wir verstehen warum, und das fühlt sich an, als ob ein großer Stein unseren Weg versperren würde. Was tun Sie, wenn Sie einem Stein begegnen? Springen Sie über ihn, greifen Sie mit aller Kraft nach ihm und versuchen Sie, ihn wegzurollen? Blicken Sie verzweifelt um sich und warten auf Hilfe? Setzen Sie sich hin und schmollen, grämen Sie sich erschöpft über den verdammten Stein, der Ihnen immer, wenn Sie etwas tun wollen, den Weg versperrt? Nehmen Sie die Gelegenheit wahr, um Ihre Wegzehrung hervorzuholen, während Sie in Ruhe überlegen, wie Sie am besten vorbeikommen? Jeder von uns hat seine typische Lösungsstrategie. Wenn wir darüber nachdenken, wie wir uns verhalten, wenn wir Hindernissen in unserem Leben begegnen, können wir eine Menge lernen. Vielleicht entdecken wir dann sogar alternative Wege.

Ein Mensch, der sich in einem Kunstmuseum im Dunkeln befindet, wird von großem Staunen erfüllt, wenn ihm mit Hilfe einer Taschenlampe die Augen aufgehen angesichts all des Wunderbaren, das er im Schatten erahnt. Ganz zu schweigen von dem, was er empfindet, wenn die Deckenbeleuchtung eingeschaltet wird. Genauso ist es mit der Selbsterkenntnis. Wir sind nie fertig damit, weil es immer noch mehr zu beleuchten gibt. Viele entdecken spät im Leben, dass sie sich vielleicht gar nicht so gut kennen, wie sie glaubten. Was wir über uns wissen, ist nur die Spitze des Eisbergs, meinte der Begründer der Psychoanalyse, Sigmund Freud. Die Psyche umfasst unendlich viel mehr, als uns bewusst ist. Die Psychologen benutzen den Begriff des *Unterbewussten* für die Annahme, dass es unter der Ebene dessen, was wir tun, denken und fühlen (d. h. des manifesten Verhaltens), dunklere Triebkräfte gibt (d. h. das Submanifeste). Im Unterbewusstsein gibt es wichtige Anhaltspunkte dafür, wie man zu dem geworden ist, der man ist. Hier liegen auch all die ungenutzten Möglichkeiten verborgen, über die die meisten von uns verfügen. Das Unbewusste spricht eine symbolische Sprache. Seine Stimme wird in unseren Träumen oder in Einfällen hörbar, in plötzlichen und unerwarteten Gedankenketten und Fehlhandlungen, wenn wir zum Beispiel mit der U-Bahn in die falsche Richtung fahren, ein wichtiges Treffen vergessen, uns selbst wehtun, die Vase der Schwiegermutter fallen lassen usw., „ohne es so zu meinen". Die Grenze zwischen dem Bewussten und dem Unterbewussten ist mehr oder weniger willkürlich. In dem Maße, wie wir es schaffen, Zugang zu unserem Unterbewusstsein zu bekommen, können wir auch verstehen, warum wir uns so oder anders verhalten und was wir vielleicht sogar vor uns selbst verheimlichen. Einen Menschen zu beschreiben, ohne auf sein Unterbewusstsein Rücksicht zu nehmen, ist, wie wenn wir ein Buch rezensieren, indem wir seinen Umschlag beschreiben. Künstler, Schriftsteller, Schauspieler, Priester, Psychotherapeuten und andere, die in ihrer Arbeit mit der Vielfalt und der Widersprüchlichkeit des inneren Lebens in Berührung kommen, wissen, wie wichtig es ist, sich die Botschaft des Unterbewusstseins zu Nutze zu machen. Sie kennen das Wortlose und wissen vielleicht ein bisschen besser als viele sonst, dass das Chaos in der Tat ein Nachbar Gottes ist.

Mitten im Leben geschieht es manchmal, dass das Unterbewusste etwas entschiedener an die Tür zum Bewusstsein klopft. Wenn wir sie einen Spalt weit öffnen und das hereinlassen, was sich hinter der Fassade des Bewusstseins befindet, kommt oft auch die Kreativität hereinspaziert. Davor kann es aber unter Umständen nötig sein, der Leere zu begegnen, die sich vielleicht ebenfalls in unserem Inneren befindet. Die Leere macht uns Angst, doch wir müssen uns nicht vor ihr fürchten: Nur leere Räume können gefüllt werden. Die Leere kann der Ort sein, an dem Gott redet, hat einmal jemand gesagt.

Welche Rolle spielt der Zufall?

Ich glaube, dass wir das Leben vereinfachen, um mit ihm klarzukommen. Das, was im Augenblick eine unwichtige Begegnung zu sein scheint, kann sich im Rückblick als viel wichtiger erweisen, als wir in dem Moment dachten, als es geschah. Man kann sich fragen, welche Rolle der Zufall spielt. Stellt er vielleicht den Teil der Wirklichkeit dar, den wir nicht sehen? Es kann überwältigend sein, sich auf solche Überlegungen einzulassen – oft ziehen wir es vor, die „großen“ Fragen zum Schweigen zu bringen, noch bevor wir sie stellen konnten. Lieber halten wir an der Illusion fest, dass das Leben in unserer Macht steht. Im dritten Lebensalter, wenn wir weniger sicher sind, dass die vernünftigsten Erklärungen notwendigerweise auch wahr sind, und wenn wir ahnen, dass Ursache und Wirkung nicht immer auf begreifliche Weise zusammenhängen, kommen die „großen“ Fragen auf. Was wissen wir über die Ganzheit?

> Im Flügel einer Fliege liegt der Plan der ganzen Welt …
> Doch wird auch nur ein einziges Atom vertauscht,
> gerät die Welt aus den Fugen.

So schreibt Mahmun Shabistari in seinem Gedicht *Der geheime Garten*. Die Vorstellung, dass alles zusammenhängt, passt in ein Muster, das auch uns mit einschließt, wir aber nicht begreifen. Zu allen Zeiten und in allen Kulturen hat sie sowohl innerhalb als auch außerhalb der Grenzen der Religion ihren Ausdruck gefunden. In ihr liegt der unausgesprochene Gedanke, dass das, was im ersten Augenblick zufällig erscheint, in Wirklichkeit ein bedeutender Bestandteil eines bedeutenden Ganzen ist.

In der Psychologie sind es vor allem C. G. Jung und seine Anhänger, die den Fragen um das Geheimnis des Lebens nicht ausgewichen sind. Angespornt von dem Quantenphysiker Wolfgang Pauli, einem der wichtigsten Wissenschaftler seiner Zeit, prägte Jung den Begriff *Synchronizität*, mit dem er sinnvolle – im Gegensatz zu zufälligen – Zusammentreffen beschreibt. Scheinbar voneinander unabhängige Geschehnisse treffen manchmal gleichzeitig ein und vermitteln das Schwindel erregende Gefühl, dass sie auf eine Weise zusammenhängen, die unseren Verstand übersteigt. Dabei spielt es keine Rolle, dass sie in den Augen anderer als unbedeutende Zufälle erscheinen. Denn unser persönliches Erleben sagt uns, dass das, was geschah, zu bedeutend ist, um ignoriert oder als bloßer Zufall betrachtet zu werden. Das Unergründliche des Lebens hat uns berührt und mit uns Kontakt aufgenommen. Synchronizität ist also die Frage nach subjektiv sinnvollen Zufällen, die sich im Nachhinein als von großer persönlicher Bedeutung erweisen. Vielleicht haben wir gerade an jemanden gedacht, den wir jahrelang nicht gesehen haben, und aus irgendeinem Grund beschlossen, Kontakt mit ihm aufzunehmen, und erhalten gerade in diesem Moment eine Nachricht von ihm. Jung berichtet zum Beispiel von einem Spaziergang mit einer Freundin, die ihm erzählte, dass sie von einem Fuchs geträumt hatte, der ihr den Weg wies. Während sie miteinander sprachen, sprang ein Fuchs aus dem Wald und lief eine Weile vor ihnen her. Dann wandte er sich um und verschwand. Dass in einem Wald ein Fuchs auftaucht, ist an sich nichts Besonderes. Dass dies jedoch gerade in dem Moment geschieht, da die Frau von dem für sie wichtigen Traum erzählt, ist merkwürdig. Das ist eine dieser Geschichten, die einem die Haare zu Berge stehen lassen. Synchronistische Ereignisse sind immer seltsam. Sie können einem das Gefühl geben, dass sich plötzlich die Tür zu einer anderen Welt öffnet.

Ein gesteigertes Bewusstsein für synchronistische Ereignisse kann uns von der einseitigen Perspektive des Augenblicks befreien und unseren Blickwinkel auf das Dasein erweitern. Es kann ein Glied in einem persönlichen Entwicklungsprozess darstellen, in dem wir lernen, das Leben zu verstehen als eine Kombination aus einer einzigartigen persönlichen Inszenierung – aus Voraussetzungen, Möglichkeiten und Willen – und etwas anderem, das das Persönliche, das in uns Gestalt annehmen möchte, übersteigt. Es ist dieses „Unpersönliche“, das in den Augenblicken der Synchronizität in den Vordergrund tritt und den Eindruck erweckt, dass jedes Leben seine eigene bedeutsame Geschichte hat und wir in Verbindung mit einer höheren Macht stehen. Dahinter verbirgt sich der Gedanke, dass es Zusammenhänge gibt, die nicht auf Ursachen beruhen, sondern dass sowohl Zeit und Raum, das Physische und das Psychische auf eine geheime, aber sinnvolle Weise miteinander verknüpft sind.

Die Synchronizität lässt uns erahnen, was in unserem Leben gerade im Werden begriffen ist. Synchronizität ist ein moderner Begriff für Gedanken und Erfahrungen von Menschen in allen Kulturen und ist genauso alt wie der Mensch selbst. Nicht zuletzt war die Betonung, die die östliche Philosophie auf das legt, was im Jetzt geschieht, was nicht wiederholbar ist und einen ganz besonderen Sinn in sich birgt, eine Quelle der Inspiration für diejenigen, die über die Synchronizität geschrieben haben. Manchmal scheinen Dinge im Leben genau dann stattzufinden, wenn wir sie brauchen. In entscheidenden Augenblicken kann sich zum Beispiel ein neuer Weg vor uns auftun. Oder es zeigt sich mit der Zeit, dass jemand, dem wir einmal begegnet sind, einen entscheidenden Einfluss auf unsere weitere Entwicklung hat. Die meisten von uns haben merkwürdige Zufälle erlebt. Manche meinen, dass sie dann in großer Menge stattfinden, wenn wichtige Entscheidungen anstehen. Wir sind dann besonders offen für Synchronizität, wenn wir uns in einer Phase der Veränderung und damit in einem Grenzland zwischen verschiedenen mentalen Zuständen befinden.

Nichts ist leichter, als die Berichte anderer über synchronistische Erfahrungen mit einem spöttischen Lächeln abzutun. Vernunft und Rationalität sind wichtige Werte in unserer westlichen Erziehung. Sie haben uns darin geschult, das Dasein zu kontrollieren, weniger jedoch darin, die Nuancen des Gefühlslebens wahrzunehmen. Die Theorie von der Synchronizität als alternativer Erklärung für einen Zusammenhang sollte meiner Meinung nach nicht der Kausalität entgegengestellt, sondern als Ergänzung zu ihr betrachtet werden. Und als Erinnerung daran, dass die Wissenschaft nicht auf alles eine Antwort hat. „Es ist also falsch, den

Roman zu tadeln, weil er sich mit wunderlichen Zufällen aufhält ... Es ist aber richtig, den Menschen zu tadeln, weil er für solche Zufälle in seinem Alltag blind ist. Denn dadurch macht er sein Leben um eine Schönheitsdimension ärmer", schreibt Milan Kundera in *Die unerträgliche Leichtigkeit des Seins.*

In den letzten Jahren ist eine Vielzahl von Abhandlungen und Büchern zum Thema Synchronizität erschienen. Sie wurden von Menschen mit sehr unterschiedlichem Hintergrund geschrieben, von Mathematikern, Psychologen, Astronomen, Quantenphysikern, Philosophen, Unternehmensberatern und verschiedenen New-Age-Anhängern. Wenn man den Begriff Synchronizität im Internet sucht, bekommt man bis zu 5000 Treffer. Und es gibt ein Online-Tagebuch, in dem sich Menschen über ihre Erfahrungen mit synchronistischen Ereignissen austauschen. Im Hinblick darauf, dass Physiker seit mindestens sechzig Jahren von einem Universum ausgehen, das auf nicht-kausalen Zusammenhängen und paradoxen, scheinbar unlogischen Beziehungen und Beobachtungen gründet, ist dieses neu erwachte Interesse für das Unbegreifliche nicht gerade verwunderlich.

Der Gedanke an sinnvolle Zufälle taucht immer wieder auf. In der Serie der *Svenska Dagbladet* über Ahnenforschung berichtete zum Beispiel Elisabeth Thorsell über eine Reise irgendwo auf der Welt, wo sie und ihr Mann zufällig einen seiner engsten Arbeitskollegen trafen, der sich zu genau demselben Zeitpunkt an genau demselben Ort aufhielt. Solche Zufälle, meint sie, seien für die Ahnenforscher nichts Ungewöhnliches. Sie lassen sich so verbreitet beobachten, dass sie einen eigenen Namen erhielten: *Serendipität.* Das Wort stammt aus einer persischen Volkslegende über drei Prinzen aus Serendip, die auf ihren Reisen immer wieder bedeutsame Entdeckungen machen und sinnvolle Zufälle erleben. Vor einigen Jahren schrieb der amerikanische Ahnenforscher Henry Z. Jones an dreihundert Kollegen und fragte sie, ob sie Serendipität erlebt haben. Beinahe alle antworteten mit ja. Ein typisches Beispiel war der Forscher, der aufs Geratewohl, ohne auf den Titel zu schauen, ein Buch aus dem Regal nimmt, es aufschlägt und genau die Angabe findet, die er seit Monaten sucht. Oder der Wissenschaftler, der am Spätnachmittag auf einen großen, unbekannten Friedhof kommt, um nach einem bestimmten Familiengrab zu suchen. Nach einigen Stunden erfolglosen Umherirrens beginnt es dunkel zu werden, und er sieht ein, dass er aufgeben muss. Als er sich umdreht, um den Friedhof zu verlassen, fällt sein Blick auf genau das Grab, das er gesucht hat. Ich selbst hatte ein ähnliches Erlebnis, als ich nach dem Grab eines Menschen suchte, der in meiner Kindheit von großer Bedeutung für mich gewesen war.

Ein anderes, der Synchronizität ähnliches Phänomen, über das viel geschrieben wurde und dass das Interesse von Wissenschaftlern überall auf der Welt gefangen genommen hat, ist die Theorie von der morphischen Resonanz. Dieser Theorie zufolge kann etwas, das an einem bestimmten Ort und unter gewissen Bedingungen geschieht, ein Echo und eine Art Entsprechung an einem ganz anderen Ort hervorrufen, ohne dass dafür ein beweisbarer ursächlicher Zusammenhang besteht. Am häufigsten wird das Beispiel von den Affen zitiert, die auf einer einsamen Insel lebten. Als die Forscher diese Affenkolonie beobachteten, merkten sie, dass einige von ihnen begonnen hatten, ihre Hackfrüchte im Meerwasser zu waschen. Nach einiger Zeit fingen auch andere Affen an, dasselbe zu tun. Bald wurde dies für die Hunderte von Affen, die auf dieser Insel lebten, zur Gewohnheit. Innerhalb kurzer Zeit konnte allerdings festgestellt werden, dass dasselbe Verhalten auch bei den Affen, die auf einer entfernten Insel lebten, aufgetreten war, ohne dass sie mit den Affen von der ersten Insel in Kontakt gekommen wären. Auch hier können wir nur darüber spekulieren, was in einer Ereigniskette geschieht, wenn dasselbe, scheinbar spontane Phänomen an mehreren Orten gleichzeitig auftritt.

Wenn wir mit dem Rätselhaften konfrontiert werden, müssen wir die Kunst beherrschen, zu den Sternen aufzuschauen und gleichzeitig mit den Füßen fest am Boden zu bleiben. Ein wenig Humor kann dabei ganz hilfreich sein. „Was kostet das?", fragt der Kunde. „Vierzig Kronen", antwortet der Verkäufer." „Nein, das gibt es doch nicht! Sagten Sie *vierzig* Kronen? *Ich* bin doch vierzig Jahre alt! Welch eine unheimliche Synchronizität!" Wir sollten schon über ein gewisses Maß und Gleichgewicht verfügen, wenn wir das Unfassbare erklären wollen.

Die Kunst der Balance

Was ist eigentlich Balance? Bevor Sie weiterlesen, schlage ich vor, Sie machen eine Pause und versuchen Folgendes: Ziehen Sie Ihre Schuhe aus und stellen Sie sich auf den Fußboden. Achten Sie darauf, dass die gesamte Fußsohle Kontakt mit dem Boden hat und dass Sie beide Beine gleich stark belasten. Ihre Knie sollten dabei parallel zueinander sein. Heben Sie nun Ihre Fersen vom Fußboden, aber nur so leicht, dass sie gerade mal keinen Kontakt zum Boden haben. Strecken Sie sich langsam auf den Zehen nach oben und gehen Sie dann in die Ausgangsposition zurück, so dass Ihre Fersen wieder knapp über dem Boden schweben. Bewegen Sie sich auf diese Art einige Minuten lang und achten Sie darauf, was Sie empfinden. Bewegen Sie sich nur ganz leicht und geschmeidig und beugen oder strecken Sie Ihre Knie nicht. Nur die Fußsohlen und die Füße sollen sich dabei bewegen. Diese Übung ist eine ausgezeichnete Art, seinen eigenen Balancepunkt kennen zu lernen.

Das Wort Balance stammt vom lateinischen „bilanx" ab, was Waage bedeutet. Je empfindlicher eine Waage ist, desto einfacher ist es, sie ins Schwanken zu bringen. Ihre Balance kann von minimalen, kaum merklichen Veränderungen des Schwerpunktes erschüttert werden. Manchmal reicht eine verschwindend geringe Gewichtsverlagerung aus, und die Lage ändert sich radikal. Es kann schwer sein, im Voraus genau auszurechnen, welcher der Balancepunkt sein wird. Erst wenn die neue Position gefunden ist, erkennt man, was geschehen ist. Genauso verhält es sich auch mit uns Menschen.

Es wimmelt im Dasein von Dingen, die um unsere Aufmerksamkeit streiten und es uns leicht machen, unsere Balance zu verlieren. Drei große Wertebereiche konkurrieren immer wieder miteinander: der *sinnliche* (der mit dem Körper und der Erotik zu tun hat), der *geistige* (der die Freude über Vertiefung, Wissen und Einsicht umfasst) und der *bürgerliche* (der die Befriedigung beinhaltet, sowohl in der Arbeit als auch in der Familie und der Gesellschaft etwas zu erreichen). Der Balanceakt, der erforderlich ist, um allen Bereichen Raum zu gewähren, sich aber gleichzeitig nur um eine Sache auf einmal zu kümmern, ist nicht leicht. Es ist verlockend, alles auf einmal zu tun, es glückt allerdings nur selten. Unaufhörlich suchen wir aus und verwerfen wir, und wir können so sehr daran gewöhnt sein, einem Bereich den Vorrang zu geben, dass wir vergessen, den anderen Aufmerksamkeit zu schenken. Dann sind wir im Ungleichgewicht.

Wir sollten *Balance* nicht mit *Stabilität* verwechseln, das vom lateinischen „stabilitas“ stammt und das bezeichnet, was fest und unerschütterlich ist. Balance ist weder fest noch stabil. Im Gegenteil: Sie ist ein flüchtiger Zustand, gekennzeichnet durch unsichtbare Bewegungen und eine hohe Veränderungsbereitschaft. Wenn wir die Balance halten wollen, müssen wir uns Mühe geben. Wir dürfen uns aber dabei nicht verkrampfen, sonst verlieren wir sie. In Balance zu sein bedeutet, auf die geringsten Veränderungen zu achten und jederzeit bereit zu sein, die Lage neu zu justieren. Stellen wir uns mit beiden Füßen flach auf den Boden, stehen wir vielleicht stundenlang stabil, aber es ist nicht sicher, das wir auch eine gute Balance haben. Das wissen wir erst, wenn wir Wind und Druck ausgesetzt sind.

Wenn wir uns auf ein Bein stellen, bekommen wir eine noch klarere Vorstellung davon, was Balance bedeutet. Ich hatte letztes Jahr bei einem Besuch im Kopenhagener Zoo die Möglichkeit, dies zu überprüfen. Trotz der Mittagshitze herrschte dort ein buntes Treiben. Ein farbenfrohes Plakat forderte die Besucher auf: „Wetteifere mit den Tieren!“ Am Flamingogehege stand eine Gruppe kichernder Gestalten, die neben einem Schild mit der Aufschrift „Wie lange kannst du wie ein Flamingo stehen? Probier’s doch mal!“ alle auf einem Bein schwankten. Da meine Tochter – im Teenageralter – mit mir wettete, stand ich bald selbst auf einem Bein und sah albern aus. Aber ich lernte dabei etwas Wesentliches. Dass nämlich die Balance aus einer Menge verschiedener, mehr oder weniger fühlbarer Bewegungen besteht. Um dem dringenden Bedürfnis, auch das zweite Bein auf den Boden zu stellen, zu widerstehen, war ich genötigt, die ganze Zeit verschiedene Körperteile aufeinander abzustimmen und auf sie zu achten. Die Kunst lag darin, sich sowohl zu *entspannen* als auch *aufmerksam* zu sein. „Attention without tension“ heißt dieser Zustand auf Englisch: Spannung ohne Anspannung.

Balance ist eine nuancierte und flexible Haltung, die mit dem Willen und dem bewussten Denken zusammenhängt und danach verlangt, sich den gerade herrschenden Bedingungen anzupassen. Sie kann nicht einfach auf Knopfdruck hergestellt werden. Der Wunsch, all das, was geschieht, unter Kontrolle zu bekommen, kann es schwer machen, die Balance zu halten. Der Gleichgewichtssinn ist bereits aktiv, wenn der Fötus sechzehn Wochen alt ist, und ist damit der Sinn, der sich als Erster entwickelt. Das Vermögen des Menschen, sein Gleichgewicht zu halten, beruht auf einem komplizierten Vorgang, der das Zusammenspiel mehrerer Sinne einschließt und der geübt sein will, wenn er in gutem Zustand gehalten werden soll. Genauso, wie wir unser physisches Gleichgewicht kaum halten können, wenn wir kerzengerade und unbeweglich dastehen, können wir auch unser psychisches Gleichgewicht nicht halten, wenn unsere Ansichten so unerschütterlich sind, dass sie neues Denken automatisch ausschließen. Wer die Balance halten will, muss für einen Augenblick sein Gleichgewicht riskieren, sich ein wenig hierhin und dorthin beugen, um schließlich doch zu seinem Mittelpunkt zurückzukehren. Wenn wir uns zu hastig zur einen oder anderen Seite bewegen, riskieren wir hinzufallen – was auch passieren kann, wenn wir uns zu sehr strecken. Schwanken wir, hilft es, wenn wir unseren Blick auf einen festen Punkt am Boden richten. Dann haben wir etwas, woran wir uns festhalten können, und es ist leichter, die Balance zu halten.

Gleichgewicht und Ungleichgewicht sind zwei Seiten derselben Medaille. Um sowohl im physischen als auch im psychischen Sinne unser Gleichgewicht zu halten, müssen wir uns darauf einstellen, dass die Gefahr des Ungleichgewichts immer vorhanden ist. Wir dürfen es auch nicht zu eilig haben. Das Gleichgewicht behalten wir nicht ein für alle Mal. Es ist ein fortwährender Prozess, geprägt von Unsicherheit und Risikobereitschaft. Eine seiner Voraussetzungen besteht darin, zu erkennen, dass das Einzige, was Bestand hat, die Veränderung ist.

Im Nachhinein erkennen wir oft, dass die Perioden psychischen Ungleichgewichts ihren besonderen Wert haben. Denn sie helfen uns, das Dasein mit einem klareren Blick zu betrachten. Und sie lassen uns vielleicht mit größerer Sicherheit wissen, was wir mit unserem Leben anfangen wollen. Kennen zu lernen, was bei uns selbst im Ungleichgewicht ist, ist eine Voraussetzung für Selbsterkenntnis, was wiederum eine Voraussetzung dafür ist, unsere innere Balance zu finden. Wenn wir jemals versucht haben, unser Gleichgewicht zu halten, wissen wir eine Menge über unseren Mittelpunkt, d. h. über den Ort in uns selbst, wo wir uns am sichersten fühlen und an den wir gerne zurückkehren. Einen Mittelpunkt zu besitzen bedeutet, im Dasein verankert zu sein: Ich weiß, wo ich stehe, und ich weiß, wofür ich einstehe. Wer seinem Mittelpunkt vertraut, unterwirft sich gelegentlichen Launen und Gleichgewichtsänderungen niemals ganz.

Im dritten Lebensalter dazustehen und sowohl vor- als auch zurückzublicken erfordert eine ganz besondere Art innerer Balance, wenn wir nicht der Versuchung erliegen wollen, das Vergangene schönzureden, die Realitäten der Gegenwart zu übersehen oder nicht wahrhaben zu wollen, dass sich die Welt mit raschen

Schritten auf eine Zukunft hin bewegt, in der wir selbst keinen Platz mehr haben. Eines ist sicher: Fortschritt ist nicht gleich Glück. Viele im dritten Lebensalter sind zu dieser einfachen Einsicht gelangt. Wir können uns über Vieles freuen, richtiges Glück aber schleicht sich für gewöhnlich in Augenblicken heran, da wir uns dem hingeben, was wir tun. Seltsamer geht es nicht. Endlich wird mir klar, dass das Alter eine Vereinfachung des Daseins mit sich bringt. Für mich ist es unter anderem einfacher geworden, einen Fehler zuzugeben. Davon geht die Welt nicht unter. Plaudern und andere Arten des Zeitvertreibs haben einen Teil ihres Reizes verloren. Der Behauptung „Ich muss!“ folgt jetzt öfter die Frage „Warum denn?“, und „Ich darf nicht!“ zieht das „Warum nicht?“ nach sich. Die Pflichten sind nicht mehr so heilig wie früher und die Gefühle nicht mehr so überwältigend. Wir haben gelernt, dass das Leben immer weitergeht und dass dem Abend die Nacht folgt.

> Als Fisch kamst du her. Als Vogel fliegst du fort.
> Die Erde wird sich erinnern an das Gewicht deiner Schritte.
> Ich habe Algen zerkaut, hatte Salzwasser im Mund,
> sah die Inseln im Meer und die Sterne am Himmel.

So steht es in Pentti Saarikoskis Gedicht *Der Abend hat keine Eile*. In zehn Millionen Jahren sind vielleicht alle Sterne erloschen.

7 Die stille Revolution

Zum Schluss das Wahre, das Einzige.
T. S. Eliot

Sein Pfund verwalten

Folgende Erzählung stammt aus Ägypten und handelt von Assar und seinem Sohn. Assar grämte sich sehr um seinen Sohn, der so sehr von der Meinung der Leute abhängig war, dass er sich kaum aus dem Haus traute. Eines Tages entschied Assar, dass es nun genug sei, und beschloss, seinem Sohn eine Lektion zu erteilen. Er sattelte seinen Esel und machte sich mit seinem Sohn auf den Weg in eine Stadt in den Bergen. Assar setzte sich auf den Esel, sein Sohn lief neben ihm her. Nach einer Weile gingen sie an einer Gruppe Menschen vorbei, die riefen: „Schaut euch den alten Mann an, wie er reitet und seinen zarten Sohn dazu zwingt, neben ihm zu laufen!“ Da tauschte Assar den Platz mit seinem Sohn. „Schaut euch die Jugend von heute an“, sagten ein paar Leute, die vorbeigingen. „Sie haben keinen Respekt mehr. Der Sohn reitet, während der arme alte Vater laufen muss!“ Da setzte sich Assar vor den Sohn, und beide ritten auf dem Esel. „Habt ihr diese grausamen Männer gesehen, die ihren Esel so schwer tragen lassen?“, bekamen sie jetzt zu hören. Sie stiegen vom Esel und liefen nun rechts und links von ihm, um nach einer Weile auf höhnisches Gelächter zu stoßen: „Schaut euch diese törichten Männer an, sie haben einen Esel, und trotzdem laufen sie!“ Zum Schluss wussten sie sich nicht anders zu helfen, als den Esel zu tragen. „Schaut mal, was das für Dummköpfe sind“, sagten die Leute, „statt selber zu reiten, tragen sie ihren Esel.“ Das reicht nun, dachte Assar, und wandte sich an seinen Sohn: „Begreifst du jetzt? Ganz gleich, was du auch tust, du kannst es im Leben *niemals* allen recht machen. Vergeude nicht deine Zeit damit, es zu versuchen."

Das Beste am Älterwerden besteht darin, dass wir aufhören, so zu tun, als wären wir jemand anderes. Wir können das Wesentliche besser vom Unwesentlichen unterscheiden, weil wir genau wissen, dass die Zeit knapp ist. Das dritte Lebensalter bietet eine neue Chance zu entscheiden, wer wir sind, und es dann ganz und gar zu sein. Vielleicht fühlen wir uns herausgefordert, von nun an einen ganz anderen, neuen Weg auszuprobieren. Es geschieht ganz oft, das Menschen nach fünfzig eine Wende um hundertachtzig Grad machen, mit lebenslangen Gewohnheiten brechen und sich auf etwas Neues einlassen. Die Veränderung kann drastische Formen annehmen, wenn etwas im Leben passiert, das nach einem Fingerzeig des Schicksals aussieht: „Ja, genau das sollte ich tun!", denken wir und staunen. Oft kündigt sich die Veränderung so leise an, dass wir sie kaum wahrnehmen. Ihr beharrliches Flüstern in unser inneres Ohr bewirkt jedoch, dass wir allmählich eine ganz andere Richtung einschlagen.

Es kann verwirrend sein – und in der Intensität einer Berufung ähneln –, wenn wir entdecken, dass es möglich, ja sogar erstrebenswert ist, anders zu leben als bisher. Es ist nicht ungewöhnlich, dass wir spät im Leben herausbekommen, dass wir während des größten Teils unseres Erwachsenendaseins einen lebenswichtigen Teil unseres Selbst verleugnet haben. Dies zuzugeben und dann unserem Ruf zu folgen, ist eine spannende, jedoch selten einfache Reise.

James Hillman hat die so genannte „Theorie der Eichel" („acorn-theory") formuliert: So wie in der kleinen Eichel eine gewaltige Kraft im Werden begriffen ist, die unter günstigen Verhältnissen dazu führt, dass eine Eiche entsteht, liegt in jedem Menschen eine starke Triebkraft, das jeweils Besondere zu entwickeln. Jeder von uns wird mit einer besonderen Gnadengabe und einer ihm wesentlichen Aufgabe geboren, mit etwas, das er zu tun bestimmt ist. Nicht jeder von uns weiß jedoch, was das ist. Unserer einzigartigen Aufgabe treu zu sein, gibt uns das befriedigende Gefühl der Authentizität, der Freiheit und des Gleichklangs mit dem Leben. Es kann aber ein ganzes Leben dauern, bis wir wissen, was das ist. Hillman meint, dass Kinder wissen, was sie tun müssen. Es gibt viele Beispiele von Jugendlichen, die es allen Unkenrufen zum Trotz geschafft haben, ein brennendes Interesse für Kunst, Musik, Wissenschaft, Sport oder Theater zu verwirklichen. Und das, obwohl sie in ihrer Familientradition keinerlei Unterstützung fanden, ja sogar dann, wenn ihr Interesse von der Familie aktiv unterhöhlt wurde. Für gewöhnlich lernen wir also zeitig, unsere Sehnsüchte zu verleugnen und unsere Träume zu verneinen. Dort aber, wo die Lust und die Spontaneität erstickt werden, sieht man nicht den Weg, der einem bestimmt ist.

Man sollte den Gedanken, dass jeder Mensch sein besonderes Schicksal hat, nicht mit dem fatalistischen Glauben verwechseln, dass ein vorherbestimmter Weg bereits abgesteckt ist. Das griechische Wort für Schicksal, „moira“, bedeutet: „eine Portion“, „ein Teil“. Das Schicksal ist also eine Zutat dessen, was mit uns geschieht. Der Rest besteht daraus, wie wir selbst darauf reagieren und wie wir uns unserer Gnadengabe bedienen. Der Weg stellt eine Möglichkeit dar, aber wir wählen selbst, ob und wie wir ihn gehen wollen. In der Zeit, in der ich dieses Buch schrieb, las ich folgende Ratschläge aus Dag Hammarskjölds Buch *Zeichen am Weg (Vägmärken)*: „Körper und Seele haben tausend Möglichkeiten, aus denen man viele Ichs bauen kann. Doch nur eines von ihnen ergibt die Kongruenz zwischen dem, der wählt, und dem Gewählten. Nur eines – und man findet es erst, wenn man alle anderen Möglichkeiten ausgeschlossen hat, alles neugierige Tasten, gelockt von Staunen und Begehren, zu seicht und flüchtig, um Halt zu finden im Erlebnis des höchsten Mysteriums des Lebens: dem Wissen um das anvertraute Pfund, das man ist.“

Ein Ort für die Seele

Seine Gnadengabe zu nutzen und sich selbst gegenüber ehrlich zu sein bedeutet auch, sich um seine Seele zu kümmern. Wenn wir immer auf dem Sprung sind und ständig damit beschäftigt, Termine einzuhalten und funktionsfähige Pläne auszuarbeiten, verlieren wir das Gefühl für das, was wir tief in unserem Inneren brauchen. Und doch kann die Seele mit ganz einfachen Mitteln wieder ihren Platz im Leben einnehmen. Statt ein Buch zu lesen, ins Kino zu gehen, einen Brief zu schreiben, uns um die Wäsche zu kümmern, zu telefonieren, können wir eine Weile stehen bleiben und auf das hören, was uns unser Inneres sagt. Wir können unsere Seele nicht hervorzwingen, aber wir können sie einladen. Und das geht einfacher, wenn wir zur Ruhe kommen.

Das Zuhause ist der selbstverständliche Ort der Seele. Wenn Sie sich in Ihrem eigenen Heim umschauen, entdecken Sie vielleicht, dass Sie Ihre Möbel, Teppiche, Bilder, Pflanzen und andere Dinge, die Sie einmal ausgesucht und sich mit ihnen umgeben haben, seit einer Ewigkeit nicht mehr wirklich gesehen und genossen haben. Wie ist es denn nun? Spiegelt Ihr Heim den Menschen wider, der Sie heute sind? Freuen Sie sich immer noch über die Formen und Farben darin? Sind Sie in die Umgebung, die Sie sich geschaffen haben, hinein- oder vielmehr aus ihr herausgewachsen? Es ergibt Sinn, sich diese Frage zu stellen. Dadurch, wie wir uns einrichten, offenbaren oder verbergen wir, wer wir in unserem Inneren sind. Wir können uns von unserem näheren Umfeld sowohl erstickt als auch gestärkt fühlen, und das ist wichtig für unser Wohlergehen.

Im griechischen Tempel gab es einen Ort, der *temenos* hieß, ein Begriff, der mit „absondern, abschirmen“ zu tun hat. Das *temenos* war ein abgeschiedener Bereich, der unter dem Schutz der Götter stand und an dem man seine Ruhe hatte. Wir alle brauchen einen geschützten Ort, ein *temenos*, wo wir uns zurückziehen können, um auf unsere Seele zu hören. Wenn ich dem glauben darf, was ich in einer englischen Zeitschrift gelesen habe, retten Schuppen und Garage so manche Ehe. Dorthin gehen die Männer, um nach einem Streit ihre Ruhe wiederzufinden.

Man kann sich ein symbolisches *temenos* bauen, indem man die Möbel umstellt und eine Ecke schafft, wo man mit seinen Gedanken sitzen kann, ohne gestört zu werden, indem man aufs Land fährt, ohne eine Menge Arbeit mitzunehmen, indem man einen langen Spaziergang macht oder ganz einfach das Telefon abschaltet. Alle können ein eigenes *temenos* gebrauchen, einen ruhigen Platz, wo man sicher, bequem und in Einklang mit sich selbst ist. Ein Ritual, das anzeigt, dass man sich in sein *temenos* zurückzieht – eine Kerze, die man anzündet, ein Gedicht, das man liest, ein Musikstück, das man hört, oder ein Bild, das man gerne anschaut – all das kann eine ruhige und kontemplative Stimmung erzeugen. Wie ein *temenos* aussieht, ist dabei nicht von Bedeutung. Wichtig ist, wie man sich darin fühlt.

Dem Denken in neuen Bahnen entspricht auf der praktischen Ebene, sein Heim neu zu gestalten. Es ist eine ausgezeichnete Art, sich zu häuten und einen Neuanfang zu machen. Beginnen Sie damit, dass Sie das ganze Gerümpel, das Sie sicher gesammelt haben, aussortieren. Das englische Wort für Gerümpel heißt „clutter", was etymologisch mit dem Wort „Klumpen" zusammenhängt. Unter anderem bedeutet es etwas, das verstopft ist und einen natürlichen Fluss blockiert. Abgesehen davon, dass man Platz gewinnt, bekommt man auch neue Energie, nachdem man einiges aussortiert und alles neu geordnet hat.

Es gibt keine selbstverständliche Art, einen Neubeginn zu machen. Manchen Menschen tut es gut, wenn sie nur wenig auf einmal ändern, andere greifen mit einem Mal in die Vollen und schaffen, bevor sich die neue Ordnung einstellt, ein gewaltiges Chaos. Es spielt keine Rolle, wie Sie das machen, aber bedenken Sie bitte Folgendes: *Keller und Dachboden* sind sicherlich diejenigen Orte, wo der augenfälligste Krempel landet. Trotzdem glaube ich, dass Sie sich wundern werden, wie viele unbrauchbare Dinge sich in der *Küche* angesammelt haben. Schauen Sie in den Schrank, wenn Sie sich trauen. Gibt es dort keine Gläser mit ausgetrockneten Kräutern, keinen steinharten Puderzucker, keine weich gewordenen Kekse, kaputte Gummihandschuhe, leere Marmeladengläser und Quarktöpfe, die Sie für den Fall aufgehoben haben, dass Sie sie irgendwann einmal brauchen werden? Finden Sie auch Schnüre und Gummiringe, Weinkorken, Pizzawerbung, Kochbücher und Bücher über Blumenpflege, die Sie nie oder nur selten öffnen? Haben Sie nicht einen Wok, eine Backmaschine, einen Eierschneider, einen Nusshacker oder sonst etwas, das Sie geschenkt bekommen, ein einziges Mal benutzt und dann weggeräumt haben? Gibt es auch in Ihrem Schrank Tassen mit gesprungenem Rand, vereinzelte Gläser, zerrissene Ofenhandschuhe, angebrannte Holzlöffel, hässliche Flohmarktteller und Bratpfannen, die von einer Teflonbeschichtung nur noch träumen? Es gibt sicher eine Menge Dinge, die Sie getrost loswerden können, ohne sie zu vermissen.

Auch im *Badezimmer* findet sich vieles, was Sie guten Gewissens wegwerfen können. Da sind zum Beispiel die ganzen Miniaturseifen und Schampooflacons, die Duschhauben und die inzwischen trockenen Feuchttücher, die Sie aus verschiedenen Hotels mitgenommen haben. Vielleicht sind da auch Medizinfläschchen, die Sie schon lange aufbewahren, ausgetrocknete Lippenstifte und Nagellack, Lidschatten in der falschen Farbe, stumpfe Nagelfeilen, Parfum mit einem Duft, den Sie nicht mehr mögen, Gesichtscremeproben in einem Ton, der nicht der Ihre ist?

Das Aufräumen des *Kleiderschranks* ist eine Sache für sich. Dort hängen alle Spontaneinkäufe aus dem Sonderangebot und Kleider, von denen Sie sich einbilden, sie noch einmal tragen zu können, wenn Sie abgenommen haben oder wenn sich die Mode ändert. Kleider, die zu eng sind oder die Sie aus irgend einem anderen Grund nicht mehr anziehen, müssen weg, denn sie schaffen nur Unwohlsein und Schuldgefühle. Die goldene Regel lautet: Werfen Sie weg, was Sie in den letzten zwei Jahren entweder nicht tragen konnten oder wollten. Höchstwahrscheinlich werden Sie dies auch in Zukunft nicht tun.

Seinen *Schreibtisch* aufzuräumen stellt einen auf eine harte Probe. All das, was man beiseite gelegt hat, um es „bei Gelegenheit in Angriff zu nehmen" – Artikel, Erinnerungszettel, Annoncen, Briefe, Parkscheine, Zeitungsausschnitte, Postkarten, Zahlscheine und Quittungen – sammeln sich auf immer größer werdenden Stapeln. Hier braucht es besonders strenge Disziplin und Willensstärke, wenn man nicht zu früh aufgeben will. Vor allem sollten Sie das aussortieren, was unwichtig ist (erstaunlich vieles erweist sich als unwichtig). Widerstehen Sie dann der Versuchung – unter dem Vorwand, dass es sicher gut ist, einiges doch zu behalten –, die unterste Schublade mit Dingen zu füllen, die dort garantiert liegen bleiben, bis Sie sich das nächste Mal zum Aufräumen aufraffen.

Ein mindestens genauso schwerer Fall sind die ganzen Zeitschriften, die überall zerstreut liegen und darauf warten, eines schönen Tages durchgeblättert zu werden. Sie hoffen sicherlich, darin eine Perle zu finden – in Form eines interessanten Artikels, eines besonders guten Rezepts oder eines Schönheitstipps. Ich rate Ihnen: Vergessen Sie's, und werfen Sie die Zeitschriften weg! Selbst wenn die Zeitschriften eine Perle enthielten, würden Sie sie wahrscheinlich niemals finden. Trösten Sie sich damit, dass es ein ganz begrenztes Themenrepertoire gibt, das Jahr für Jahr in den meisten Zeitschriften in variierenden Rubriken wieder aufgelegt wird. Außer den Nachrichten und der Mode ändert sich nicht viel.

Eine besondere Herausforderung ist es, in seinem *Bücherregal* aufzuräumen. Sie können wenigstens beschließen, darin Ordnung zu schaffen und die verschiedenen Bücher, vielleicht in alphabetischer Reihenfolge oder thematisch geordnet, zu sortieren. Und vielleicht schaffen Sie es sogar, die alten Theaterprogramme, die entwerteten Karten und die auseinanderfallenden Taschenbücher, die Sie wahrscheinlich finden werden, wegzuwerfen.

Die nächste Probe besteht darin, *Photos* zu sortieren. Ich verstehe nicht, warum ich mich dagegen sträube, missglückte Photos oder Bilder von Menschen, deren Namen ich vergessen habe, wegzuschmeißen. Oder warum ich mehrere Versionen von Bildern oder Negative von uralten Filmen aufbewahre. Auch hier ist der Rat einfach und brutal: Entscheiden Sie, was Ihnen wirklich wichtig ist, und werfen Sie den Rest weg.

Genauso verhält es sich mit dem ganzen *Kleinkram*, den Sie überall finden können – im Nähkasten, im Putzschrank, im Werkzeugkasten, im Nachttisch, in der Rumpelkammer – und der so wenig Platz einnimmt, dass man sich einbildet, es spiele keine Rolle, ob man ihn wegwirft oder nicht. Alte Kassetten, vereinzeltes Werkzeug, Strümpfe und Handschuhe, Garnreste, Schlüssel (zu welcher Tür noch mal?), Ersatzteile für Haushaltsgeräte, die schon seit zehn Jahren funktionieren, Kabel und Elektroschalter. Alles, wovon Sie nicht felsenfest überzeugt sind, dass Sie es noch einmal gebrauchen werden, sollten Sie wegwerfen. Jetzt. Wenn man seine Sachen durchsieht, findet man immer welche, von denen man nicht weiß, was man damit anfangen soll, die man aber trotzdem ungern wegschmeißt. Seien Sie in dem Fall auf der Hut und fragen Sie sich, warum Sie es noch behalten wollen.

Ausmisten erfordert eine Menge Disziplin, nicht zuletzt um der Versuchung zu widerstehen, bei jedem Fund innezuhalten und in Erinnerungen zu schwelgen. Denken Sie daran, wie gut Sie sich fühlen werden, wenn Sie Platz geschaffen haben für die neuen Sachen, Gedanken und Erfahrungen, die in Ihr Leben treten werden.

Aussuchen und verwerfen

Sich für nur eine von vielen Möglichkeiten zu entscheiden bedeutet nicht, erwachsen zu sein, sondern aufzugeben, sagt Pär Rådström. Veränderung ist immer schwierig, und man ist geneigt zu glauben, dass das, was – im eigenen Umfeld oder in einem selbst – bereits besteht, die einzige Möglichkeit ist. Die Vorstellung, alles könnte anders werden, wirkt bedrohlich. Daran dachte ich gestern, als ich meinen Terminkalender der letzten fünf Jahre durchblätterte und verblüfft feststellen musste, wie voraussehbar mein Tagesablauf ist. Das Frühjahr 1995 war genauso wie das Frühjahr 1997, und den Herbst 1996 hätte man glatt gegen den Herbst 1998 austauschen können. Es ist leicht, unmerklich in eine Routine zu verfallen und das zu wiederholen, was man immer schon getan hat und kann. Im dritten Lebensalter wird es Zeit zu entscheiden, wofür man seine Zeit nutzen will, und zu untersuchen, ob und wie man seine Ziele verwirklichen kann. Es ist immer noch besser zu wissen, was wir wollen, und es dennoch zu verwerfen, als so zu tun, als wollten wir es sowieso nicht. Aussuchen – und Verwerfen – machen frei. Meiner Meinung nach ist die Freiheit die größte Gabe des dritten Lebensalters. Als ein amerikanisches Psychologenpaar eine große Anzahl älterer Menschen fragte, was das Alter ihrer Meinung nach für Vorteile habe, nannte mehr als die Hälfte von ihnen in erster Linie verschiedene Formen der Freiheit: die ständige Verantwortung für die Kinder loszuwerden, Zeit zum Entspannen zu haben, das zu tun, wozu man Lust hat, und sich weniger um das zu kümmern, was andere denken. Dann kam: reisen zu können, Zeit für seine Interessen zu haben, mit seiner Familie und seinen Freunden auf eine ruhigere Art zu verkehren und sich nichts mehr beweisen und sich nicht mehr anstrengen zu müssen, um Eindruck zu machen. Ganz oben auf der Liste stand auch: Zeit zu haben, um das nachzuholen, was man früher vernachlässigt hat, insbesondere seine Kreativität.

Die Familientherapeutin Virginia Satir hat die fünf Freiheiten folgendermaßen beschrieben: 1) *hören und sehen, was es hier und jetzt gibt* (statt das, was es geben sollte, gab oder geben wird), 2) *sagen, was man fühlt und denkt* (statt das, was man denken und fühlen sollte), 3) *fühlen, was man fühlt* (statt das, was man fühlen sollte), 4) *begehren, was man braucht* (statt immer auf Erlaubnis zu warten), 5) *etwas riskieren* (statt sich immer für die sicherste Lösung zu entscheiden).

Im dritten Lebensalter zu leben bedeutet im besten Fall, mutiger zu werden, seine eigene Stimme zu finden und von ihr Gebrauch zu machen sowie Courage zu haben, was buchstäblich heißt: „mit dem Herzen zu sprechen". Es kann eine ungemeine Erleichterung bedeuten zu wissen, dass wir uns nicht mehr hervortun und um jeden Preis der Beste sein müssen. Und zu der Einsicht zu gelangen, dass wir selbst aus einem Fehlschlag noch etwas Gutes machen können. Im dritten Lebensalter wagen wir es, Risiken einzugehen. Dazu las ich neulich Folgendes:

> Wage es, laut zu lachen, und riskiere, dich lächerlich zu machen.
> Wage es, deine Tränen zu zeigen, und riskiere, als sentimental zu gelten.
> Wage es, dich nach dem anderen auszustrecken, und riskiere, dich in sein Leben einzumischen.
> Wage es, von deinen Gedanken und Träumen zu erzählen, und riskiere, dass sie kleiner werden.
> Wage es zu lieben, und riskiere, abgewiesen zu werden.
> Wage es, an etwas zu glauben, und riskiere zu versagen.
> Wage es zu leben, und riskiere zu sterben.

Die größte Gefahr liegt nicht darin, ein Risiko einzugehen, sondern gar nichts zu riskieren. Wer nichts riskiert, wird vielleicht ein bisschen vom Leid verschont. Aber er selbst und seine Möglichkeiten werden dadurch kleiner. Selbstverständlich ist es am einfachsten, immer die gleichen Wege zu gehen. Die Erzfeinde jeder Veränderung heißen Lebenslüge, Bequemlichkeit, Feigheit und Resignation.

Gleichzeitig sollte man sich vor Perfektionismus hüten. Unser Leben entspricht selten unseren eigenen Erwartungen. Der Selbstannahme und der Freiheit steht oft die Scham im Wege, eines der schmerzlichsten Gefühle, die es gibt. Schamgefühle können in allen möglichen Situationen auftreten und dafür sorgen, dass wir uns dumm, hässlich, schlecht, schwach, missraten oder als Menschen allgemein untauglich fühlen. Es gibt kaum Grenzen für das, was Scham hervorrufen kann: dass man falsch gekleidet ist, etwas Dummes sagt, inkompetent ist – und vielleicht auch, dass man älter wird. Die Scham gründet in der Angst, nicht geliebt und austauschbar zu sein. Das sind Gefühle, die auf frühe Erfahrungen zurückgehen und mit denen man nur schwer zurechtkommt. In einigen Familien wird Scham als Erziehungsmittel eingesetzt, als Waffe, mit der das Kind niedergedrückt werden soll und die noch auf das Selbstgefühl des Erwachsenen verheerende Auswirkungen haben kann. Ein Grund, warum es so schwer ist, mit Scham umzugehen, liegt darin, dass sie nicht damit zu tun hat, was wir *tun* (da würde es sich um Schuld handeln), sondern mit dem, was wir *sind*. Scham kann so schwer zu ertragen sein, dass wir sie durch etwas anderes unsichtbar machen wollen: Verachtung, Wut, Überlegenheit und Niedergeschlagenheit sind Strategien, die wir benutzen, um die Scham zu überdecken. Auch Missbrauch und Misshandlung können eine Möglichkeit darstellen, für einige Augenblicke schmerzhafte Gefühle der Unterlegenheit und Verletzbarkeit zu betäuben. Wer mit Scham erfüllt ist, hasst und verachtet sich und ist sich selbst der ärgste Feind.

In allen Kulturen gibt es Dinge, die schambelegt sind. Ein typisches Beispiel aus unserem Kulturkreis ist das Versagen. Viele tragen schwer an Idealvorstellungen, die mit fortschreitendem Alter immer unrealistischer werden. Auch der natürliche Alterungsprozess kann – in einer Gesellschaft, in der das Ideal darin besteht, stark und makellos zu sein – Scham wecken.

„Folge deinem Stern"

Letztes Jahr war ich zum ersten Mal in meinem Leben in Venedig. Es war Herbst, und wir kamen mit dem Schiff an. Zu sehen, wie sich diese unglaubliche Stadt aus dem Nebel erhob, und gleichzeitig den Wind in meinen Haaren und die Gischt auf meiner Haut zu spüren, war ein herrlicher Hinweis darauf, dass sich jederzeit etwas Wunderbares ereignen kann. Wenn wir älter werden und meinen, das meiste gesehen zu haben, können wir leicht ein wenig abstumpfen. Wenn unsere Neugier abnimmt, erlischt auch unsere Fähigkeit, uns überraschen zu lassen. Es gibt eine afrikanische Legende über Ameisen, die jeden Tag ihren Weg gingen und stets ihre Arbeit taten, ohne auch nur ein einziges Mal aufzuschauen. Bis eines Tages eine kleine Ameise den Blick erhob und den Kilimandscharo und den Sternenhimmel und einen Teil vom Weltall erblickte. Voller Staunen und einer unsäglichen Sehnsucht, dorthin zu gehen, wo sie nie gewesen war, erzählte die Ameise von ihrer Offenbarung, aber niemand wollte ihr glauben. „Eine optische Täuschung", sagten die anderen und gingen weiter ihrer gewohnten Wege. Ich frage mich, was aus dieser Ameise wurde. Hielt sie an dem fest, was sie gesehen hatte, oder senkte sie wieder den Kopf und ordnete sich dem Gewohnten unter?

Wir können von Kindern lernen, ohne Scham und vorgefasste Meinungen hinter unseren Alltagsberg zu blicken. Während eines Spaziergangs mit meiner zweijährigen Enkelin Ottilia hatte es zu schneien begonnen. „Schau, Großmutter – so viel Filz!", rief sie und lachte mit ihrem ganzen Körper. Ihre Freude war ansteckend. Aber was meinte sie mit „Filz"? Später erfuhr ich, dass Ottilia neue, weiße Wollsocken bekommen hatte, über die sie sehr entzückt war. Abends, wenn sie ihre Socken auszog, hatten sich kleine Filzflocken zwischen ihren Zehen gesammelt, und sie fand es lustig, sie herauszupulen. Ihr erster Eindruck von den Schneeflocken war ganz selbstverständlich: „So viel Filz!" Das ließ auch mich den Schnee mit anderen Augen sehen.

Eine klitzekleine Verschiebung der Perspektive kann ausreichen, damit ein ganz anderes Bild entsteht. Lesen Sie folgenden Abschnitt aus einem Buch des ägyptischen Nobelpreisträgers Nagib Machfus: „Unfreiwillig und ohne Vorwarnung überkam mich ein Gefühl von Alter. Ich weiß nicht, wie mir der Anfang vom Ende nicht bewusst sein konnte, die Oberhoheit des Abschieds: ein Gruß an das lange Leben, das ich in Sicherheit und Glückseligkeit verbracht hatte, ein Gruß an das Leben, das ich in einem Meer von Zärtlichkeit, Entwicklung und Wissen genossen hatte. Nun tut die ewige Stimme Abschiedsworte kund. Sag deiner schönen Welt Lebewohl und geh hin ins Unbekannte. Und das Unbekannte, mein Herz, ist nichts anderes als ein Sterben. Vorbei alle nutzlosen Lügen, dass man weiterschreitet in ein anderes Leben. Wie, weshalb, welcher vernünftige Gedanke kann dessen Existenz bestätigen? Das wahrhaft Vernünftige ist das, was mein Herz betrauert. Lebe wohl, oh mein Leben, das mir allen Sinn gab. So endet es und hinterlässt eine Geschichte, die jeglichen Sinnes entbehrt." Das sind die Gedanken eines Fötus am Ende von neun Monaten.

Die Kunst, sich der Wirklichkeit aus einer fremden Richtung zu nähern und sich des Lustvollen am Leben bewusst zu werden, passt schlecht zusammen mit der chronischen Unruhe, die zu einem wesentlichen Bestandteil im Leben vieler Menschen geworden ist. Wir beschleunigen das Tempo immer stärker, stürzen uns in Aktivitäten, spannen die Muskeln an und verlieren dabei lebenswichtige Energien. Stress und Sorgen sind die Normalität. Wir sind zu Sorgeexperten geworden. Wir sorgen uns, weil wir keine Arbeit oder zu viel Arbeit, weil wir eine langweilige Arbeit, zu wenig Lohn oder zu wenig Freunde haben oder weil wir nicht tüchtig genug sind. Wir ängstigen uns um die Umwelt, um unser Gewicht und darum, was die Leute denken. Es gibt immer etwas, das den Augenblick überschattet. Maßvolle Sorge ist nützlich, wenn sie uns dazu motiviert, engagierter zu sein in dem, was wir tun. Im Übermaß ist sie jedoch schädlich, nicht zuletzt, weil sie kreative Impulse hemmt. Im dritten Lebensalter sind wir es uns schuldig, unsere Zeit und unser Begehren zu verteidigen. „Folge deinem Stern", heißt es, und das bedeutet, dorthin zu gehen, wohin uns unser Glück führt. Wenn wir uns engagieren für das, wozu wir Lust haben (was nicht immer gleichzusetzen ist mit dem, was leicht ist oder worin wir Weltklasse sind), fühlen wir uns am besten und erzielen zudem fast immer gute Ergebnisse.

Wir sollten uns mehrere Male am Tag fragen: *Warum* tue ich das? Und dann sollten wir nur dann weitermachen, wenn wir wirklich Lust dazu haben oder wenn es schwerwiegende Gründe gibt, warum wir es tun müssen. Wertvolle Zeit verstreicht mit dem, was wir nicht mögen oder wozu wir gezwungen werden. Die Freude kommt und geht. Das ist wie mit einer Seifenblase: Sie kann nicht mit einem eisernen Griff festgehalten werden, vielleicht aber mit einer sehr behutsamen Hand. Wir können nicht auf Befehl glücklich sein, allerdings können wir geschickter darin werden, die Gründe zur Freude zu entdecken und zu genießen, die wir immer wieder haben. Der irische Dichter W. B. Yeats hat ein Gedicht geschrieben über das Glück, das unser Leben mitten an einem gewöhnlichen Tag völlig grundlos durchströmen kann:

Ich saß in einem Straßencafé
mit einem Buch, einer Tasse Tee.
Die Fünfzig hatte ich längst überschritten.
Ich saß am Marmortisch,
als einziger inmitten
der geschäftigen Londoner Menge.
Und wie ich so schaute ins Gedränge,
durchfuhr mich eine Weile
ein Gefühl von Glück:
Ich konnte geben und bekam zurück.

Es ist wichtig, dass wir die Freude erkennen, wenn sie da ist. Probieren Sie bitte Folgendes: Schreiben Sie morgens beim Aufwachen fünf Dinge auf, auf die Sie sich während des Tages freuen. Es muss überhaupt nichts Besonderes oder Bedeutendes sein. Letzte Woche stand auf meiner Liste: meinen Morgentee in Ruhe trinken, sehen, wie das Gesicht meiner Enkelin aufleuchtet, wenn ich sie besuchen gehe, im Café sitzen und dieses Kapitel fertig schreiben und zum Frisör gehen. Bevor Sie schlafen gehen, schreiben Sie fünf Dinge auf, bei denen Sie dankbar sind, dass sie tagsüber geschehen sind. Auch hier kann es sich um kleine Dinge handeln, die Ihnen Freude geschenkt haben: ein Brief von einem Freund, dass der Busfahrer wartete, als Sie angelaufen kamen, ein sinnvolles Gespräch oder dass Sie den Vollmond von Ihrem Balkon aus sehen konnten. Der Sinn des Ganzen ist, dass Sie sich darin üben, nicht nur das zu sehen, was Sie vermissen, sondern auch das, was Sie besitzen.

Im dritten Lebensalter darf man seinen eigenen Weg gehen. Im Sommer entschloss ich mich, nachdem ich mehr als zwanzig Jahre lang mit öffentlichen Verkehrsmitteln gefahren war, mir ein Auto zu kaufen. Doch was für ein Auto sollte es sein? Als ich in die Wagenhalle trat, war ich auf etwas Praktisches eingestellt mit Platz für Enkelkinder und Katzen und mit einem entsprechend großen Kofferraum. Eine Stunde später war ich Besitzerin eines flotten Cabrios mit zwei Sitzen und einem Kofferraum, in dem kaum meine Handtasche Platz hat. Es war nicht besonders vernünftig, diesen Wagen zu kaufen, aber ich freue mich darüber, dass ich es tat. Immer nur das zu tun, was vernünftig ist oder was andere erwarten, ist nicht gesund. Ich lachte neulich über ein Interview mit der hundert Jahre alten Madame Calmen. Sie wurde nach ihrem Rezept gefragt, um gesund alt zu werden. „Portwein und Humor“, lautete ihre Antwort. Keine Rede von gesundem Leben. Als sie starb, war sie einhundertzwölf und wahrscheinlich der älteste Mensch in der westlichen Welt.

Eine sichere Möglichkeit, jede Freude im Keim zu ersticken, liegt darin, sein eigenes Leben mit dem anderer zu vergleichen: „Wenn man einfach nur glücklich sein wollte, könnte dies leicht eintreffen. Aber wir wünschen, glücklicher zu sein als andere, und das ist immer schwer, denn wir glauben, dass andere glücklicher sind, als sie es in Wirklichkeit sind", schreibt der französische Philosoph Montesquieu. Eifersucht ist ein sicherer Freudenkiller, genauso wie die Erwartung, dass andere gutheißen sollen, was wir tun. Wir können nicht erwarten, dass andere das schätzen, wofür wir uns selbst begeistern. Wir sollten etwas allein deshalb tun, weil wir selbst Lust dazu haben.

Die stille Revolution

Die Zahl der Menschen im dritten Lebensalter ist deutlich gestiegen. Bald gibt es mehr als eine Milliarde, die über sechzig sind, was sicherlich zu einer Revision unserer herrschenden Ansichten vom Alter führen wird – vielleicht unter dem Motto: „Grey is beautiful". In den USA spricht man bereits von einer „stillen Revolution", die unsere Vorstellungen vom Älterwerden auf den Kopf stellt.

Wir im dritten Lebensalter sind in der Industriegesellschaft aufgewachsen, werden in der IT-Gesellschaft älter, und wer weiß, in welcher Gesellschaft wir alt sein werden? Die Entwicklung schreitet in einem so hohen Tempo voran, dass Erfahrung und Wissen genauso schnell veralten wie die Computer. Uns fehlt eine solide Langzeiterfahrung, auf die wir uns verlassen können. Das verunsichert und verwirrt uns. Die früher klar markierte Grenze zwischen Arbeit und Freizeit ist verwischt und von einer ganz anderen Denkweise ersetzt worden. Heute arbeiten viele ständig und überall. Wir schaffen uns Netzwerke und knüpfen Kontakte, ohne den Raum zu verlassen. Wir können mit jemandem zusammenarbeiten, der am anderen Ende der Welt lebt. Wissen wird zu einer immer schneller verderblichen Frischware. Es kann eine Ganztagsbeschäftigung sein, über all das, was passiert, informiert zu bleiben.

Artikel darüber, wie die Welt nach der Jahrtausendwende aussehen wird – geschrieben von mehr oder weniger qualifizierten „Kennern" – stehen in vielen Zeitschriften hoch im Kurs. Die *Times* veröffentlichte neulich ein Verzeichnis der wissenschaftlichen Ergebnisse, die innerhalb überschaubarer Zeit unseren Alltag verändern werden. Die lange und Staunen erregende Liste enthielt unter anderem Beschreibungen von einem an unserem Schädel angeschlossenen Datensystem, das unsere Gedanken lesen kann, von Kleidern, die automatisch wärmen, wenn es kalt ist, und kühlen, wenn es warm ist, von einem Telefon, das ein lebensgroßes holographisches Bild von unserem Gesprächspartner projiziert, und von Kontaktlinsen, die es uns ermöglichen sollen, E-Mails zu lesen und im Internet zu surfen, ohne überhaupt die Augen zu öffnen.

Wie viel davon werden wir, die wir im dritten Lebensalter sind, erleben? Und werden wir es schaffen, mit all dem Schritt zu halten? Jetzt schon komme ich mir vor wie ein Dorftrottel, wenn ich sehe, mit welcher Geschmeidigkeit und Selbstverständlichkeit die Jüngeren die Informationstechnik beherrschen. So wie es aussieht, wird die Technologie laufend Fortschritte machen, und wahrscheinlich sieht der Alltag in fünfzig Jahren – oder, wenn wir manchen Futurologen glauben wollen, noch viel früher – ganz anders aus.

Was hat das mit uns als Menschen zu tun? Der amerikanische Gesellschaftswissenschaftler und Psychoanalytiker Sherry Turkel vom MIT in Massachusetts hat darüber geforscht, wie die Persönlichkeit des Menschen in der IT-Gesellschaft, psychologisch betrachtet, beeinflusst und verändert wird. Turkel behauptet, dass das Internet zur Zeit einen Cyberraum schafft, der in den Alltag der meisten von uns rasch eingegriffen und unsere Art zu denken, ja sogar unsere Auffassung von Identität, radikal verändert hat. Wenn wir Informationen suchen, im Netz surfen, E-Mails lesen, Verbindungen schaffen, Tickets buchen und Waren im Internet kaufen, bewegen wir uns in einer ganz neuen Wirklichkeit, in der es möglich ist, ein mehr oder weniger vom Körper getrenntes Leben im Kopf zu führen. Man kann auf seiner Homepage Besuch bekommen, während man in Wirklichkeit schon lange tot ist. Ich habe gelesen, dass manche Menschen durch interaktive Spiele bis zu achtzig Stunden in der Woche an intergalaktischen Kriegen teilnehmen. Man kann alles tun, während man vor seinem Bildschirm sitzt und die Risiken, die ein herkömmlicher menschlicher Umgang mit sich bringt, vermeidet. Man kann stundenlang alleine da sitzen und sein Leben mit virtuellen Ereignissen oder Freunden füllen, denen man mit virtuellen Blumen aufwartet. Vieles im Netz, was wir vorher nicht erlebt haben und auch danach nicht erleben werden, kann uns anregen. Wie dies unsere wirklichen Beziehungen beeinflusst, weiß keiner. Ein oft beschworenes Schreckensszenario besagt, dass wir eine Gesellschaft schaffen, in der wirkliche Beziehungen mit der Zeit stören.

Als ich neulich mein Autoradio einschaltete, hörte ich ein Interview mit jemandem, der Horatius heißt und, wenn ich das richtig verstanden habe, Philosoph und Musiker ist. Er sprach über das Risiko, den Kontakt zur „akustischen Wirklichkeit" zu verlieren, d. h. dem natürlichen Klang, wie es ihn ohne Kabel und Verstärker gibt. Und er zog eine Parallele zu einer persönlichen Begegnung, in der man in direktem, lebendigem Kontakt den anderen hören, sehen und fühlen kann. Eine Voraussetzung für die akustische Wirklichkeit liegt darin, dass sich Menschen begegnen oder zumindest mit Hilfe von Telefon oder Brief Kontakt miteinander haben. Im Cyberraum ist ein naher Kontakt doch wohl unmöglich. Oder ist das ein Vorurteil, das wir überwinden müssen?

Wenn ich für einen Augenblick die Perspektive wechsle, kann ich die Dinge vielleicht in einem neuen Licht sehen und verstehe besser, was in der Gesellschaft geschieht. Die Frage wurde für mich neulich aktuell, als ich mir vornahm, zum Spaß im Netz zu chatten. Ich hatte das nie zuvor getan und ging dies mit einer Mischung aus Ironie und Scham an. Unsere fünfzehnjährige

Tochter war mehr als bereit, mich auf eine gewöhnliche Internetseite zu lotsen, die, den Codenamen nach zu urteilen, aus einer bunten Schar von Menschen bestand. Mein Codename wurde Golden Oldie. Zu meiner Verwunderung blieb ich viel länger vor dem Bildschirm sitzen, als ich gedacht hätte, gefangen vom Meinungsaustausch mit wildfremden Menschen, die vielleicht die Wahrheit sagten, vielleicht aber auch nicht. Was mir dabei klar wurde und mich sehr wunderte, war die Tatsache, dass ich mich, nachdem sich mein anfängliches Kichern gelegt hatte, viel freier, direkter und in der Tat ehrlicher ausdrückte, als ich mir das je vorgestellt hätte. Hier saß ich also an meinem Schreibtisch, schickte Teile von mir in den Raum und bekam auch noch im Laufe von nur wenigen Minuten von jemandem eine Antwort. Diese unwahrscheinliche Umgangsform, die sich wirklich und unwirklich zugleich anfühlte und ein lustiges Freiheitsgefühl gab, ergriff Besitz von mir. Diese Erfahrung hat mich leichter verstehen lassen, warum immer mehr Menschen Kontakt im Internet suchen. Ich habe zumindest eine Ahnung davon, dass es sowohl spannend als auch lehrreich sein kann, über seinen Rechner seine Geheimnisse und Träume mit jemandem zu teilen, den man noch nie gesehen hat. Es fällt mir jedoch immer noch schwer, mir vorzustellen, dass dies lebendige Begegnungen ersetzen kann, wo man die Augen des anderen sieht, seine Stimme hört, seinen Duft wahrnimmt, seine Körpersprache erkennt und sich all dem unausgesprochen Spannenden und Ängstigenden aussetzt, das zu einer wirklichen Begegnung gehört und uns tief berührt. Neulich rief jemand aus dem Blumenladen an, um mir mitzuteilen, dass ein Blumenstrauß unterwegs war. Ich zweifle daran, dass es im Bauch genauso erwartungsvoll kribbeln kann, wenn ein virtueller Strauß auf dem Bildschirm erscheinen würde. Oder täusche ich mich vielleicht? Rolf Jensen vom Institut für Zukunftsforschung in Kopenhagen ist einer jener Wissenschaftler, der sich Gedanken über die Gesellschaft der Zukunft gemacht hat. Vor einigen Jahren bekam er den Auftrag zu erforschen, was nach der

IT-Gesellschaft kommen würde, von der er meint, sie habe bereits begonnen, sich selbst wegzurationalisieren. Innerhalb weniger Jahrzehnte, behauptet Jensen, werden die Rechner das meiste von dem verrichten, was wir heute selbst tun. Und wenn die menschliche Arbeitskraft überflüssig geworden ist, werden wir wieder Zeit und Raum haben, uns auf unsere Träume, Gefühle und Erlebnisse zu konzentrieren. Wenn wir Zeit haben, uns den großen Fragen zu widmen und uns nach innen zu wenden, wird das Spirituelle eine Renaissance erleben. Wird vielleicht das 21. Jahrhundert von Reife und Erfahrung geprägt sein?

Seinen Zusammenhang finden

Es mag vielleicht etwas verspätet erscheinen, dass jemand – nun, da das halbe Leben vorbei ist – sein Potential zu entdecken beginnt und das tut, wozu er Lust hat. Als ich mich mit solchen Gedanken plagte, erzählte mir jemand, dass man im Taoismus den Menschen bis zum Alter von achtundzwanzig Jahren als Kind betrachtet. In den Dreißigern bekommt die Persönlichkeit gerade mal ein paar sichtbare Konturen. Erst mit vierzig zeichnet sich allmählich eine gewisse Entwicklung ab, und nach seinem fünfzigsten Lebensjahr ist man jemand, mit dem man rechnen kann. Mit sechzig hat die Entwicklung ein recht annehmbares Maß erreicht. Nach seinem siebzigsten Lebensjahr ist man bewundernswert. Mit achtzig befindet sich die Entwicklung auf ihrem Höhepunkt, und man ist als Mensch vollständig und fertig. Da sah ich das Ganze in einem anderen Licht und fühlte mich für einen Augenblick jung.

Ist man in seinen eigenen Augen überhaupt jemals alt? Mein Blick auf diese Frage hat sich mit den Jahren stark verändert. Man erinnere sich nur daran, was man von Dreißigjährigen dachte, als man zwanzig war, über Vierzigjährige, als man dreißig war und über Fünfzigjährige, als man vierzig war. Mit fünfzig dachte ich, dass ich mich mit sechzig wohl recht alt fühlen würde. Nun, da ich diesen Zeitpunkt bald erreicht habe, hat sich die Grenze auf fünfundsechzig verschoben. Wenn ich dann dort bin, nehme ich an, dass die Richtmarke zuerst siebzig und dann achtzig sein wird. Ein Puffer von etwa fünf Jahren garantiert mir einen Platz auf der sicheren Seite.

Ich stelle mir immer öfter mein Leben als ein Glied in einer langen Kette vor, die weit vor und weit zurück in die Zeit reicht. Auf welche Weise ähnele ich meinen Eltern, und wie wird etwas von mir in meinen Enkelkindern sichtbar? Als ich von einem somalischen Mädchen las, das mindestens hundert Namen in direkt aufsteigender Geschlechterlinie aufzählen konnte, empfand ich puren Neid auf ihre sichere Verankerung in ihrer Geschichte. Ich bilde mir ein, dass es zufrieden macht, wenn man sich seines Zusammenhangs so sicher ist. Aber andererseits kann es daran liegen, dass ich so wenig über meine eigenen Wurzeln weiß.

Dieses Buch zu schreiben hat mir geholfen, mich in einem neuen Zusammenhang zu sehen und mich als älter werdende Frau neu zu finden. Ich erinnere mich noch gut an die Zeit, als ich beschloss, mit dem Schreiben zu beginnen. Es war ein Tag im Hochsommer auf dem Lande, als ich – gerade dabei, meinen Badeanzug anzuziehen – wie angewurzelt vor dem Spiegel stehen blieb. In dem grellen Licht traten all meine Runzeln und Falten zu Tage, und zu meiner großen Verwunderung stellte ich fest, dass die ältere Frau im Spiegel tatsächlich ich war. Davor hatte ich kaum ans Altern gedacht und noch viel weniger daran, dass ich mich einer Grenze näherte, wo ich gezwungen sein würde, von meinem Selbstbild Abschied zu nehmen, ohne zu wissen, was an seine Stelle treten würde. In dieser Stunde der Wahrheit wurde mein Innerstes aufgewühlt. Meine zweite Lebenshälfte begann.

Es war der Anfang einer hektischen Zeit, in der ich alles las, was ich über das Älterwerden in die Hände bekam, und mit allen sprach, die sich über ihre Erfahrungen austauschen wollten. Vieles erkannte ich wieder, und es war schön zu sehen, dass ich in einem Prozess, der teilweise schmerzte, nicht allein war. Die Unruhe aber ist geblieben. Bis heute. Aber sie hat während der Zeit, in der ich dieses Buch geschrieben habe, ihre Gestalt geändert. Das, was mich von Anfang an trieb, waren Angstgefühle angesichts meines immer geschundeneren Äußeren. Heute bin ich dabei, mich mit meiner Eitelkeit zu versöhnen, ringe aber mit der Unruhe darüber, dass die körperlichen Funktionen allmählich schlechter werden, was erkennbare Grenzen setzt. Die Beweglichkeit beispielsweise, die ich bisher wie selbstverständlich voraussetzte, ist keine Selbstverständlichkeit mehr. Die Arthritis in meinen Händen macht das Schreiben bisweilen zu einer schmerzhaften Angelegenheit. In den letzten Jahren habe ich mich viel mit mir selbst und meinen Gedanken beschäftigt. Diese Stunden der Einsamkeit haben eine wichtige Spur in meinem Leben hinterlassen. Der Großteil dieses Buchs ist in einem kleinen Haus am Meer in Österlen geschrieben, wo ich mich bei jedem Wetter gerne aufhalte. Dort fühle ich mich am meisten im Einklang mit mir selbst, und dort scheint mir die Mühsal des Älterwerdens am weitesten entfernt. Ich mache lange Spaziergänge in der Morgendämmerung, lese oder schreibe, wenn mir danach ist (und lasse es bleiben, wenn es nicht so ist), tanze und singe, spreche laut mit mir selbst oder bin stundenlang mucksmäuschenstill. Dass ich mich in aller Ruhe dem Schreiben widmen kann, ist ein Glück, dass ich erst in meinen Fünfzigern erleben durfte und das nun zu einem notwendigen Bedürfnis geworden ist.

Ich glaube, dass ich mich in der Stille verändert habe. Jetzt ist beispielsweise Luxus etwas anderes als Besitz, und ich begnüge mich mit einem ruhigeren, nachdenklicheren Gefühlsleben als früher. Heute lege ich Wert darauf, mit Freunden zu reden, gut zu essen, meine Enkelkinder bei mir zu haben, zu lesen – weil ich will und nicht weil ich muss –, Ausflüge in meinem Wagen zu unternehmen und ab und zu mit meinem Mann an einen schönen Ort zu reisen. Der größte Luxus ist sicherlich, über meinen Terminkalender zu bestimmen – und vielleicht auf der Veranda vor meinem Haus zu sitzen und über das Meer in den Sternenhimmel zu schauen, ohne vom Stadtlärm gestört zu werden. Wie langweilig muss das in meiner Jugend geklungen haben – und wie herrlich ist es jetzt!

Das Wichtigste ist, das Gefühl des Da-Seins zu erleben, sich von dem Moment, in dem man sich gerade befindet, gefangen nehmen zu lassen, im Augenblick zu leben. Es gibt einen Ausdruck beim Flamenco – *duende* –, der für das absolute Da-Sein im Augenblick steht, eine Erfahrung, die die Schutzmauer um uns durchbricht und uns manchmal für immer verändert. Das Gefühl des *duende* ist unzweideutig. Man weiß, wann es da ist, und es lässt sich nicht ignorieren. *Duende* bedeutet so viel wie „kleine Hexe", und es ähnelt dem Gefühl, bezaubert zu sein, ergriffen von und einbezogen in etwas, das man selbst und zugleich etwas Größeres ist. Sich diesem Augenblick hinzugeben heißt, sich selbst in seiner Freude oder Trauer zu begegnen und zu erkennen, dass man teilhat an all dem, was geschieht. Dieses Gefühl kann jederzeit von uns Besitz ergreifen. Wenn wir Geschirr spülen, wenn wir lesen, eine Apfelsine essen, mit einem Freund reden, uns zu Musik bewegen. Neulich saß ich am Sterbebett eines Freundes, hielt seine Hände in meinen und war einfach da. Meist waren wir still. Ich schaute selten auf die Uhr und hatte, selbst wenn er schlief, keine besondere Lust zu lesen. Nach einer Weile verstand ich, welche Gnade es bedeutete, in diesem Raum zu sein, wo die Zeit still stand und der Tod jeden Augenblick kommen konnte. In diesem Raum gab es keinen Platz für Verstellungen. Ich fühlte mich wahrer, offener, vollständiger, gegenwärtiger und für lange Zeit wirklicher. Und ich bekam einen Sinn für etwas, was mich das Alter hoffentlich lehren wird: dass ich nämlich schweren und leichten Augenblicken begegnen kann, dann, wenn sie kommen – hier und jetzt. Alles vergeht, und das Leben ist eine Reihe von Augenblicken, die sich ständig zu etwas anderem wandeln. Lernen, in Einklang mit diesen Augenblicken zu leben, sich in ihrem Rhythmus zu bewegen, sie dann loszulassen und dem Neuen Platz zu machen – darauf läuft das Leben hinaus.

Und verstehen, dass jede Veränderung, die es wert ist, diesen Namen zu tragen, im eigenen Herzen beginnt. Der Sufimeister Bayazid („Sufi“ bedeutet „Entdeckungsreisender“) erzählt folgende Geschichte: „Als junger Mann war ich Revolutionär. Da lautete mein Gebet: Herr, gib mir die Kraft, die Welt zu verändern! Als ich mich im mittleren Alter befand, merkte ich, dass die Jahre vergingen und ich überhaupt nichts verändert hatte. Da änderte sich mein Gebet: Herr, gib mir wenigstens die Kraft, die Menschen zu verändern, die mir begegnen und mir nahe stehen; das ist alles, worum ich Dich bitte! Nun, da ich alt bin und meine Tage gezählt sind, sehe ich, wie töricht ich war. Jetzt habe ich nur noch eine einzige Bitte: Herr, gib mir die Kraft, mich selbst zu verändern! Hätte ich von Anfang an darum gebetet, hätte ich meine Zeit nicht vergeudet.“

Die Selbsterkenntnis ist kein Ziel, sondern ein Mittel, andere besser zu verstehen, es zu wagen, sie zu berühren und sich berühren zu lassen, und einzusehen, dass wir durch unsere Handlungen sowohl das Gute als auch das Böse herausfordern. Die größte Herausforderung besteht darin, das Gegensätzliche in uns in Einklang zu bringen und menschlicher zu werden. Wir sind für uns selbst Gefahr und Rettung zugleich, aber es dauert manchmal ein ganzes Leben, bis wir die Tragweite dieser Tatsache verstehen.

Literatur

„The aging revolution", Artikelserie in: *Monitor, Journal of American Psychological Association* 1997,10.

Ahlroos, Maja: „Hennes dikt kan läsas i tunnelbanan", in: *Psykologtidningen* 1997,8.

Basseches, Michael: *Dialectical thinking and adult development.* Ablex 1984.

Beauvoir, Simone de: *Das Alter. Essay.* Rowohlt 2000.

Beauvoir, Simone de: *Das andere Geschlecht. Sitte und Sexus der Frau.* 3. Aufl. Rowohlt 2003.

Bettelheim, Bruno: *Kinder brauchen Märchen.* 24. Aufl. dtv 2002.

Brookner, Anita: *Altered states.* Jonathan Cape 1996.

Buber, Martin: *Das dialogische Prinzip.* 8. Aufl. Schneider 1997.

Cicero, Marcus Tullius: *Cato der Ältere über das Alter.* Artemis und Winkler 2001.

Colarusso, Calvin und Nemiroff, Robert A.: *Adult development. A new dimension in psychodynamic theory and practice.* Plenum 1983.

Combs, Allan und Holland, Mark: *Die Magie des Zufalls. Synchronizität – eine neue Wissenschaft.* Rowohlt 1992.

Cullberg Weston, Marta: *Övergången.* Wahlström & Widstrand 1998.

Davidson, L.: „Preventive attitudes toward midlife crisis", in: *American Journal of Psychoanalysis* 1979, 39.

Dickerson, John F.: „Never too old", in: *Time Magazine* 1995, 10.

Drabble, Margaret: *Die Hexe von Exmoor.* Rowohlt 1998.

Epiktet: *Handbüchlein der Lebenskunst.* 2. Aufl. Wegweiser 1922.

Erikson, Erik H.: *Adulthood. Essays.* Norton 1978.

Erikson, Erik H.: *Kindheit und Gesellschaft.* 13. Aufl. Klett-Cotta 1999.

Erikson, Erik H.: *Dimensionen einer neuen Identität.* Suhrkamp 1975.

Erikson, Joan Mowat: *Wisdom and the senses.* Norton 1988.

Friedan, Betty: *Mythos Alter.* Rowohlt 1997.

Fromm, Erich: *Die Kunst des Liebens.* Heyne 2001.

Geary, James: „A trip down memory's lane", in: *Time Magazine* 1997,5.

Gedda, Bertil: *Blad ur sömnen.* Bonnier 1942.

Goleman, Daniel: *Emotionale Intelligenz.* 15. Aufl. dtv 2002.

Greer, Germaine: *Wechseljahre.* Econ 1991.

Gustafsson, Lars: *Vorbereitungen für die Wintersaison. Elegien, Balladen und andere Gedichte.* Hanser 1992.

Hammarskjöld, Dag: *Zeichen am Weg. Das spirituelle Tagebuch des UN-Generalsekretärs.* Pattloch 2001.

Hildebrand, Peter: *Beyond mid-life crisis. A psychodynamic approach to ageing.* Sheldon Press 1995.
Hoff, Benjamin: *Tao Te Puh. Das Buch vom Tao und von Puh dem Bären.* 8. Aufl. Synthesis 1996.
Hollis, James: *The middle passage. From misery to meaning in midlife.* Inner City Books 1993.
Hopcke, Robert H.: *Zufälle gibt es nicht. Die verborgene Ordnung unseres Lebens.* dtv 2002.
Jeffers, Susan: *Opening our hearts to men.* Fawcett Books 1990.
Jong, Erica: *Keine Angst vor Fünfzig.* dtv 1998.
Jung, Carl Gustav: *Über die Entwicklung der Persönlichkeit.* Walter 1995.
Jung, Carl Gustav: *Über die Psychologie des Unbewussten.* Fischer 1998.
Kast, Verena: *Der schöpferische Sprung. Vom therapeutischen Umgang mit Krisen.* 4. Aufl. dtv 1993.
Kitzinger, Sheila: *Großmutter werden.* Droemer Knaur 1997.
Kundera, Milan: *Die unerträgliche Leichtigkeit des Seins.* Fischer 2002.
Kurtz, Ron: *Botschaften des Körpers.* 7. Aufl. Kösel 1993.
Kyrklund, Willy: „Vår ofattbara obetydlighet", in: *Dagens Nyheter* 970119.
Lagercrantz, Olof: *Att läsa Proust.* Wahlström & Widstrand 1992.
Lagercrantz, Olof: *Linjer.* Wahlström & Widstrand 1962.
Lagercrantz, Olof: *Om konsten att läsa och skriva.* Wahlström & Widstrand 1996.
Lagerkvist, Pär: *Kaos.* Bonnier 1919.
Laurence, Margaret: *Der steinerne Engel.* Reclam 1988.
Lennéer-Axelson, Barbro: *Kärlek.* Wahlström & Widstrand 1996.
Lessing, Doris: *Und wieder die Liebe.* Goldmann 1997.
Luke, Helen M.: *Sinn des Alt*ers, Daimon 2001.
Lybeck, Sebastian: *Jorden har alltid sitt ljus.* Bonnier 1958.
Lynch, Thomas: *Im Auftrag des Herrn. Lebensansichten eines Bestatters.* Goldmann 1999.
Machfus, Nagib: *Echo meines Lebens.* Unionsverlag 1997.
Mansfield, Victor: *Tao des Zufalls. Philosophie, Physik und Synchronizität.* Diederichs 1998.
May, Rollo: *Liebe und Wille.* Ed. Humanis. Psychologie 1988.
„Medelåldern", Artikelserie in: *Svenska Dagbladet* 971027–971125.
Monk, Ray: *Bertrand Russel. The spirit of solitude.* Jonathan Cape 1996.
Moore, Thomas: *Die Seele lieben.* Droemer Knaur 1995.
Moore, Thomas: *The education of the heart.* Harper Perennial Library 1996.
Moore, Thomas: *The re-enchantment of everyday life.* G. K. Hall & Co 1996.
Noble, Kate: „Shape of things to come", in: *Time Magazine*, Februar 1998.
Nordin, Annika: „Ansiktet i tiden, tidens ansikte", in: *Konstnären* 1995,3.
O'Connor, Dennis und Wolfe, Donald M.: „From crisis to growth at midlife. Changes in personal paradigm", in: *Journal of Organizational Behaviour* 1991,28.
O'Neill, Eugene: *Eines langen Tages Reise in die Nacht.* Fischer 2002.

Orbach, Ann: „Psychotherapy in the Third Age", in: *British Journal of Psychotherapy* 1994,11.
Partridge, James: *Changing faces. The challenge of facial disfigurement.* Penguin Books 1990.
Prétat, Jane: *Reifezeit des Lebens. Chancen der späten Jahre.* dtv 1998.
Progoff, Ira: *Jung, synchronicity and human destiny.* Julian Press 1987.
Raines, Robert: *A time to live. Seven steps of creating aging.* Plume 1998.
Reeve, Christopher: *Immer noch ich.* Droemer Knaur 2002.
Richard, Val: *The person who is me.* H. Karnac 1997.
Rowe, Dorothy: *Time on our side. Growing in wisdom, not growing old.* Harper Collins 1994.
Saarikoski, Pentti: *Ja meille jäi kiireetön ilta.* Mia Berner 1975.
Satir, Virginia: *Familienbehandlung. Kommunikation und Beziehung in Theorie, Erleben und Therapie.* 7. Aufl. Lambertus 1988.
Schori, Marlise: *Verliebt mit fünfzig. Frauen berichten von einem neuen Anfang.* Kreuz 1997.
Seeberg, Eva: *Kärlekens tid. Om ålderns gåva.* Forum 1997.
Seneca, Lucius Annaeus: *Die Kürze des Lebens.* Artemis und Winkler 2003.
Seppa, Nathan: „Wisdom. A quality that may defy measurement", in: *Monitor*, Journal of Psychological Association 1997,28.
Sharp, Daryl: *Zur eigenen Tiefe finden. Eine Psychologie zur Lebensmitte des Mannes.* Ansata 1990.
Sleigh, Julian: *Lebenskrisen. Zehn Schritte zu ihrer Bewältigung.* 2. Aufl. Freies Geistesleben 1990.
Stein, Murray: *In midlife. A Jungian perspective.* Spring Publications 1983.
Steinem, Gloria: *Was heißt schon emanzipiert. Meine Suche nach einem neuen Feminismus.* Droemer Knaur 1995.
Stinnissen, Wilfrid: *Evigheten mitt i tiden.* Libris 1992.
Sylwan, Peter: „Forskningens gränser", in: *Framtider* 1997,1.
Tannen, Deborah: *Du kannst mich einfach nicht verstehen. Warum Männer und Frauen aneinander vorbeireden.* Goldmann 1998.
Thomas, Dylan: *Collected poems.* New Directions 1946.
Thorsell, Elisabeth: „När slumpen ger extra krydda", in: *Svenska Dagbladet* 981214.
Tillich, Paul: *Der Mut zum Sein.* Furche 1968.
Tranströmer, Tomas: *Minnena ser mig.* Bonnier 1993.
Tudor-Sandahl, Patricia: *Det glömde självet.* Wahlström & Widstrand 1989.
Tudor-Sandahl, Patricia: *Ett himla liv.* Wahlström & Widstrand 1996.
Tudor-Sandahl, Patricia: *Ordet är ditt.* Wahlström & Widstrand 1997.
Ventegodt, Søren: *Livskvalitet. Att erövra livets mening.* Forum 1997.
Vine, Barbara: *Schwefelhochzeit.* Büchergilde Gutenberg 1998.
Werup, Jacques: *Det stora preludiet.* Bonnier 1997.
Wilson, A. N.: *Incline our hearts.* Viking 1989.
Wine, Maria: *Nattlandia.* Bonnier 1975.
Wolf, Naomi: *Der Mythos Schönheit.* Rowohlt 1994.